U0879866

汉语教学学刊

HANYU JIAOXUE XUEKAN

北京大学对外汉语教育学院　主办
《汉语教学学刊》编委会　　编

庆祝北京大学对外汉语教学七十周年

2022 1
（总第15辑）

北京大学出版社
PEKING UNIVERSITY PRESS

图书在版编目 (CIP) 数据

汉语教学学刊 . 总第 15 辑 /《汉语教学学刊》编委会编 . — 北京 : 北京大学出版社 ,2022.6
ISBN 978-7-301-33057-9

Ⅰ . ①汉… Ⅱ . ①汉… Ⅲ . ①汉语 – 对外汉语教学 – 丛刊 Ⅳ . ① H195-55

中国版本图书馆 CIP 数据核字 (2022) 第 091420 号

书　　名	汉语教学学刊・总第 15 辑 HANYU JIAOXUE XUEKAN・ZONG DI-SHIWU JI
著作责任者	《汉语教学学刊》编委会　编
责任编辑	孙艳玲
标准书号	ISBN 978-7-301-33057-9
出版发行	北京大学出版社
地　　址	北京市海淀区成府路 205 号　100871
网　　址	http://www.pup.cn　　新浪微博 : @ 北京大学出版社
电子信箱	zpup@pup.cn
电　　话	邮购部 010-62752015　发行部 010-62750672　编辑部 010-62753374
印 刷 者	北京虎彩文化传播有限公司
经 销 者	新华书店
	787 毫米 ×1092 毫米　16 开本　10.25 印张　223 千字
	2022 年 6 月第 1 版　2022 年 6 月第 1 次印刷
定　　价	42.00 元

目　　录

CONTENTS

国际中文教育资源体系的特点与构建*

赵金铭

北京语言大学

提　要　国际中文教育就是将汉语作为第二语言/外语教给母语非汉语的外国人，是一个隶属于应用语言学的语言教学学科。汉语不同于印欧系语言，国际中文教育资源体系的构建，应注重中文特点，突出中文特色。国际中文教育资源体系既包括中文知识体系，还包括中文赋能体系，即中文能力养成体系。赋能体系又包含两面：一是教者的技能训练方法体系，二是学者习得与认知能力的养成体系。对知识体系和赋能体系的实施，也就是教与学的效果如何，还得有一个测试与评估体系。

关键词　国际中文教育　资源体系　构建

“国际中文教育”的名称是由“汉语国际教育”以及更早的“对外汉语教学”演变而来的。不管名称为何，其内涵应有清晰的界定和描述。这就是“将汉语作为第二语言/外语教授给母语非汉语的外国人”，通俗的说法是“教母语非汉语的外国人学习汉语”。这是一个语言教学学科，汉语为“体”，教学为“用”，因此被纳入“语言学及应用语言学”学科内，其中的“应用语言学”则涵盖上述三种“汉语作为第二语言/外语教学”的不同称谓。国际中文教育学科的宗旨是使世界上更多的人学会汉语、使用汉语，让汉语在国际语言生活中发挥作用。这种本质特点反映在资源体系建设的各个环节之中。

由“汉语国际教育”更名为“国际中文教育”本旨未变，但外延却有所拓展。据《现代汉语词典(第7版)》解释，“汉语”指汉族的语言，而“中文”则是中国的语言文字，特指汉族的语言文字。中文作为外语教学是世界第二语言教学的重要组成部分，它与依托印欧语系而形成的世界第二语言教学体系最大的不同，在于中文的书写形式是方块汉字。更名为国际中文教育使汉字特点更加突出了。

---

* 本文为国家社科基金项目“‘格局＋碎片化’的汉语作为第二语言教学语法研究”(18BYY117)的阶段性成果。

支撑国际中文教育的根本，是有一套完整、科学的国际中文教育资源体系。国际中文教育作为一个语言教学学科，什么是它的教学资源体系呢？据教育交流与技术协会(Association for Educational Communication and Technology，简称AECT)的解释，“一切可以帮助学生达成学习目标的物化了的显性或隐性的、可以为学生的学习服务的教学组成要素”皆为教学资源，一般分为两类：设计的资源和利用的资源。我们这里谈的主要是设计的资源。

令人欣喜的是，国际中文教育的权威机构教育部中外语言交流合作中心，建立伊始，就十分重视国际中文教育资源体系的建设问题。

据《人民日报》2020年7月7日报道：“中外语言交流合作中心具体负责统筹建设国际中文教育资源体系，参与制定国际中文教育相关标准并组织实施；支持国际中文教师、教材、学科等建设和学术研究；组织实施中文教师考试、外国人中文水平系列考试，开展相关评估认定；运行国际中文教育相关品牌项目；组织开展中外语言交流合作等。”(教育部2020)

不难看出，这里国际中文教育资源体系的建设，已紧紧扣住教授外国人学习中文的学科本质，围绕制定与实施两个方面展开。我们可以从中提出诸要点：

1. 制定国际中文教育相关标准，如国际中文教师标准、国际中文能力标准。

2. 国际中文教育学科建设和研究。

3. 国际中文教育教材建设与研究。

4. 国际中文教师队伍建设与研究。

5. 依据标准组织实施中文教师考试、外国学习者中文水平考试，并进行评估与认定。

如果仅从这里所说的“国际中文教育资源体系”所举条目来看，还没有真正体现中文的特点，内容也还须进一步完善。上述体系中明显应增加“服务于中文作为外语教学的中国语言文字研究”“中文作为外语教学的教学法与教学模式研究”与“外国学习者中文习得与认知研究”，这是最体现中文特点之处。

国际中文教育资源体系的构建，必须体现中文特点，突出中文特色。国际中文教育资源体系包括两方面：中文知识体系，是为“体”，中文赋能体系，是为“用”。赋能体系即中文能力养成体系，又包含两面：一是教师的技能训练方法体系，二是学习者习得与认知能力的养成体系。对知识体系和赋能体系的实施效果，也就是教与学的效果如何，还得有一个教与学的测试与评估体系。由此构成“国际中文教育资源体系”。

“国际中文教育资源体系”，从结构主义的观点来看是一个整体，整体对于部分来说具有逻辑上优先的重要性，它的两个组成部分——中文知识体系与中文赋能体系，必须紧紧扣住整体，即这个体系的本质是“对母语非汉语的外国人进行汉语教学”，或曰“教母语非汉语的外国人学习汉语”。

至于对教师的培养与培训，教学对象主要是母语为汉语的中国人(包括一些已完成汉语教育的国外汉语教师)，教学目的是使其成为具有熟练的汉语作为第二语言教学技能和良好的跨文化交际能力，能够胜任多层次、多种类汉语教学任务的合格的汉语教学人才，是一种师范教育，学科体系方面则隶属于教育门类，与“对母语非汉语的外国人进行汉语教学”的语言教学不是一个研究领域，是国际中文教育的支撑学科。国际中文教师作为一种人才的培养，具有一定的规格与规范，具有科学完整的教育体系。我们建议建立一个“国际中文教育教师培养资源体系”，专门研究师资培养问题①。

语言是文化的载体，语言教学本就离不开文化，可说是一体两面。但是文化是作为语言教学的背景，而不是作为主体。目前，在世界第二语言教学中，目的语文化的传授已经置于一个更宏大的背景之中，呈现全球化和多元性的趋势，学习者在自身文化和异文化的交流与碰撞中，不断领悟与体验，文化不再是作为学习的对象，而是作为学习的背景。文化的教学与学习，本来就是语言教学内涵中所必备的。这完全是由语言文化的一体性而决定的。语言是文化的载体，文化通过语言而呈现。从某种意义上说，教语言与学语言必定伴随着文化，只不过是与独立传授文化的课程有所区别而已。中文教学过程中并非系统地进行文化教学，而是在中文教学与学习中，让学习者自然地领悟中华文化。因此，有必要建立一个“国际中文教育文化教学资源体系”，作为国际中文教育学科的另一个支撑，为国际中文教育提供文化背景知识②。

本文主要讨论，基于“汉语作为第二语言/外语的中文教学”的教学资源建设问题，是语言教学问题，因其为“国际中文教育资源体系”的主体，故下面的讨论仍以“国际中文教育资源体系”称之。

国际中文教育资源体系的构建的“体”与“用”，概括起来可以从学术、实证、实践三方面完善。“教什么”是学术研究，“怎样学”要通过实证来发掘，“如何教”要通过不断实践来总结。这是一个“跨领域”的学科整合。这似乎是老生常谈，但常谈中隐现着不足。

一　国际中文教育知识体系

对于国际中文教育资源体系的构建来说，最重要的是对中国语言文字知识体系的构建。中文知识体系内辖中文作为第二语言教学的学科理论体系和中文作为第二语言教学的中国语言文字知识体系。

1.1　国际中文教育学科理论体系建设与基础研究

中文作为第二语言教学是一个跨中国语言文学、教育学、心理学和教育测量统计学等专业的特色交叉学科。作为一个交叉学科，国际中文教育在发展全球中文教学、促进中外文化交流方面的重要性，以及为实现中华民族伟大复兴，创建人类命运共同体中的作用，无论怎样估计其现实意义和历史意义，均不为过。但是它在学术界的学科地位是客观的，无须提升，也不应该矮化。国际中文教育是一门语言教学科学。王力先生在纪念《语言教学与研究》创刊五周年座谈会上说过，“对外汉语教学是一门科学”，科学是纯粹的。故而确定学科布局是关键，理顺学科归属最重要。这是一个特色交叉学科。从学科本质出发，与一些相关学科只是相关，并不形成交叉，比如国外汉学、中国学专业，外国语言文学、哲学、历史，等等，只不过是在进行语言教学时，言语内容与之存在一些关联而已。将众多相关学科作为国际中文教育的交叉学科，无疑会忽略本学科的科学本旨，为本学科所难以承受。

至于制定国际中文教育相关标准，如国际中文教师标准、国际中文能力标准，教材建设与研究，以及外国学习者中文水平考试设计与研究等，均为学科研究题中之义。

1.2 国际中文教育学科的中国语言文字知识体系

国际中文教育作为汉语教学学科，教学内容“是以汉语言文字教学为基础的”，而国际中文教育“基础性教学内容，即汉语言文字教学”(陆俭明 2019)。国际中文教育内容即教给学习者的中国语言文字知识体系，是资源体系中“教什么”的问题，也就是学习者应掌握的中国语言文字知识。作为第二语言教学的汉语本体知识体系，最为重要，它体现在教师的教学理念、教学原则，以及所编写的教材之中。这些知识将转化为学习者的语言能力。

国际中文教育本体知识体系的构建与创新所关涉的所有领域的研究，都应以汉语文字本体为依托，体现汉语、汉字特点，离开汉语本体研究，相关研究都将无从进行，未免舍本逐末。朱德熙先生早就说过：“根本的问题是汉语研究问题，上课许多问题说不清，是因为基础研究不够。”“应该强调汉语研究是对外汉语教学的基础，是后备力量，离开汉语研究，对外汉语教学就没法前进。”(朱德熙 1989)

汉语虽有世界语言的共性，但有些根本特点却是世界其他语言所无。事实证明，这些特点又明显地影响着汉语的教与学。诸如语音中的声调问题、词语辨析问题、汉语词类确认问题、特殊句式表达问题、特殊书写形式问题等。多年来，语言学界对汉语特点的挖掘与发现，诸如汉语语法特点、汉语韵律问题、汉语语体与语域问题、语块研究问题等，成果丰硕，已成学界共识。所憾者，无论是教材内容研究、学习研究，还是教学研究，均未被合理吸收与充分利用。

比如，汉语的特点是词、词组和句子的构造原则基本上是一致的，共五种关系：陈述、偏正、支配、补充和并列。在句子中就是：主谓、定/状中、动宾、动补、联合和连谓。抓住了五种结构关系这条线索，就几乎掌控了汉语中全部句法结构，无论“教”还是“学”都会简明许多，然而汉语教学中却未充分利用。

再比如，汉语没有形态变化，汉语中语素的地位不亚于词。汉语的语素绝大部分是单音节的。语素和语素可以组合成词。有的语素本身就是词，有的语素本身不是词，只能跟别的语素一起组成复合词。现代汉语里双音节词占的比重最大。

依据元语言语素意识是对语素及字词形成规则的操作能力的观点，现今的汉语教学中显然没有体现对汉语语素意识的培养。起码的教学顺序，应该是先认识单音节词（成词语素），再双音节词（内含不成词语素），继而词的组合，而不是现行教材从一开始便用短句说话。前辈学者提出的教外国人要“字不离词，词不离句”庶几近之。

中文词汇特点突出，用法复杂，规律性不强。中文词汇教学只能一个一个地教，一个一个地学。虽如此说，却并非杂乱，而有其系统性。近年来，在多义词、近义词和易混淆词研究方面取得了很多成果，在词汇用法与词汇搭配研究方面也得到许多新的认识。现在急需一部外向型的适合外国人学习需要的词典，来提升中文词汇学习水平。

这应该是一部供外国人使用的自主学习词典，不同于为母语者所编的词典。它的最大特点是，以科学的元语言释义词来解释词义，注重词的用法，尽显词与词的搭配，有大量的常用实例，并指明可能出现的偏误，有必要的话将与之近义的词或易混淆的词进行辨析。这应该是一部多功能的电子词典。

质言之，从汉语特点思考，在把握学科本质特点上，须重构汉语语音教学体系、词汇语义教学体系、语法结构教学体系、汉字教学体系等，并在教学中加以整合，以在总体上创新国际中文教育的中国语言文字知识体系。

二 国际中文教育赋能体系

2.1 教师的中文技能训练方法体系

“国际中文教育”还有个“怎样教”的问题，国际中文教育作为第二语言教学，既与世界第二语言教学有共同点，也因汉语、汉字的特点，而具有不同于其他语言作为第二语言教学的特色。这就要求国际中文教育要讲求符合汉语实际的教学方法。

几十年以来，国际中文教育在继承传统和不断吸取各种教学法长处的基础上，结合汉语、汉字特点，以结构和功能相结合为主的教学方法为业内广泛采用，称之为汉语综合教学法。博采众长，为我所用，不独法一家，是其突出特点。这既是国际中文教育的传统，在教学实践中也证明是符合国际中文教育实际的有效的教学方法。近年来，则更倾向于综合加分技能教学，其作为国际中文教育独具的语言教学法，也还有进一步论证的必要,学界对此也不乏质疑之声。我们应从教育理念、理论基础、学科本质及方法论上进一步提升。

中文作为外文教授给外国人,只是近百年的事。在教学法上多参照国外依据印欧系语言所创造的教学方法。早期采用的是"相对直接法"(钟梫 1979),后来交际法占据主导地位,一时强调听说,注重表达,但与此同时,也在一定程度上忽略了语言表达的准确性。近年来任务型教学模式风行一时,然而任务法并非适用于一切汉语教学,它只是适用于特定教学阶段,服务于特定教学目的,不能一概而论。在各种各样的教学法各展风采之际,后方法论被介绍进来,已不再追求最佳教学法与最有效教学模式,而倾向于"教师赋权",发挥教师的创造精神,也成一时风尚。

由此可见,汉语作为外语的教学法,一直处于探索与创新之中。目前,教学法与教学模式研究已呈现多样化与多元性发展态势。但在如何结合汉语、汉字特点上多下功夫,多加探讨,真正形成在世界第二语言教学成功基础上而创新的汉语作为外语教学法,依然是资源创新的重要课题。

创新的出路在哪儿?汉语有其自身特点,汉语教学方法应有别于基于印欧系语言所创造的语言教学法。应从中文的语音、词汇、语法及书写形式着手,依据中文自身的特点组织教学,形成中文语音、词汇、语法教学法以及汉字教学法等。注重词的用法教学、句式的用法教学,突破汉字难认、难写、难记的问题。与此同时,将语言各要素教学综合一体,将汉语汉字的这些独特的知识,转化成学习者的语言表达能力。在这个过程中,要重视教学改革和教学试验,不断创新。当前尤其要探讨线上教学的方法、规范与创新,建立人工智能时代的国际中文教学模式。

2.2 学习者习得与认知中文能力养成体系

解决"怎样学"的问题要靠实证研究。进入21世纪后,对外汉语教学学科建设中的一个重要进展是开拓了第二语言习得理论与实际问题的研究,从重视研究教师怎样教汉语,转向研究学习者如何学习汉语,这是一种研究理念的改变,这种研究近十年来呈现上升趋势。

研究的重点,较早时集中于汉语作为第二语言的学习者语言系统研究,主要是偏误研究、中介语研究;汉语作为第二语言学习者研究,即个体因素对学习者的影响研究。近年来,研究领域不断扩大,在基于认知视角的汉语第二语言习得研究方面,如汉语要素习得、语块加工、习得顺序等,成绩斐然。最近基于多视角的汉语第二语言习得研究,如语言学视角、社会文化理论视角等,蓬勃开展。目前可以说,从不同的角度开辟了汉语学习研究的新局面。

不难看出,上述所有研究框架,及其所采用的理论与研究方法,均来自国外。也就是说我们借鉴了国外的第二语言习得研究理论与研究方法，来观察外国人是如何认知与习得汉语的。套用国外理论进行研究，可能在某种程度上会掩盖汉语认知与习得方面的一些重要事实。朱德熙先生曾说："不要盲目套用国外的理论，要针对汉语事实，用朴素的眼光来发现汉语自己的东西。"(转引自郭锐 2020)

学习者习得与认知能力养成体系的确立，需要依据实证研究，以获得学习者是怎样学会汉语的。最根本的是要通过认知脑神经科学与认知心理学的研究才能发现，这就是目前汉语作为第二语言习得与认知研究方面正在开辟的新的研究领域。这也是目前世界第二语言教学研究的热点，而结合中文进行研究还很初步。当然，通过脑神经科学的实验来研究，需要具备相当的语言学、心理学、教育测量统计等学科的知识背景。目前，已有一些研究实体进行试验研究，我们期待着脑神经科学对中文认知与习得的研究成果为教学提供依据，不断丰富国际中文教育资源体系中文赋能体系的内涵。

以上我们实际上讨论的是"国际中文教育资源体系"建设问题，是隶属于语言教学学科内的问题，我们把它称作国际中文教育资源建设的主体。而前面提到的"国际中文教育教师培养资源体系"和"国际中文教育文化教学资源体系"是国际中文教育资源体系的重要组成部分，"教师培养"是"语言教学"的重要支撑，"文化教学"为"语言教学"提供背景知识，三者相辅相成，深度合作，密切配合，形成一个整体，以此共同构筑"国际中文教育资源体系"。

当前正处在国际中文教育提质、转型时期，要"使汉语国际教育能沿着汉语国际教育学科本身的航道更好地前进"(陆俭明 2019)，就应该在新形势下把握新的发展趋势，深入研究汉语和汉字特点，紧扣国际中文教育的学科本质，使多年来不断探索、不断丰富的国际中文教育资源体系更充实、更完善、更科学、更纯粹。守正创新，以确保国际中文教育在全球范围内健康发展。

注　释

① 可参看"美术专业"和培养美术教师的"美术教育专业"的设置。"美术专业"的学科类别为艺术设计类，专业代码为 650125;"美术教育专业"的学科类别为教育类，专业代码为 670113。

②中国对外汉语教学学会等(1995)厘清了语言教学与文化教学的关系。

参考文献

郭　锐(2020)在第 21 次现代汉语语法学术讨论会暨纪念朱德熙先生百年诞辰国际学术视频讨论会闭幕式上的发言，2020 年 12 月 6 日。

教育部(2020)教育部设立中外语言交流合作中心，《人民日报》2020 年 7 月 7 日。

陆俭明(2019)需要在汉语国际教育的学科性质和一些基本理念上取得一致认识,汉语国际教育知识体系的特色与构建——"汉语国际教育知识体系的特色与构建研讨会"观点汇辑(刘利等),《世界汉语教学》第2期,163—165页。

赵金铭(2013)国际汉语教育的本旨是汉语教学,《汉语应用语言学研究》第2辑(北京语言大学对外汉语研究中心编),11—18页,商务印书馆。

赵金铭(2020)汉语国际教育的两个研究系统——语言教学与师资培养,《国际汉语教育(中英文)》第1期,3—9页。

中国对外汉语教学学会、《世界汉语教学》编辑部、《语言教学与研究》编辑部(1995)对外汉语教学的定性、定位、定量问题座谈会纪要,《语言教学与研究》第1期,4—12页。

中国社会科学院语言研究所词典编辑室(2016)《现代汉语词典(第7版)》,商务印书馆。

钟　梫(1979)十五年(1950—1965)外国留学生汉语教学总结,《语言教学与研究(试刊)》第4期。

朱德熙(1989)纪念《语言教学与研究》创刊10周年座谈会发言(摘登)(吕必松等),《语言教学与研究》第3期,8—10页。

作者简介

赵金铭,北京语言大学教授,主要从事近、现代汉语语法研究,国际中文教育研究。Email:zhaojinming@blcu.edu.cn。

关于汉语中介语语料库的资源共享问题*

张宝林

北京语言大学汉语国际教育研究院

提　要　在汉语中介语语料库近30年的建设与应用历程中，始终存在资源共享问题，即绝大多数由国家投资建设的语料库建成后并未对外开放，而是只供本单位使用，甚至只有建库者自己及其学生可以使用。这种做法直接导致了国家宝贵的科研经费未能取得应有的社会效益和学术效益，学术资源严重浪费，阻碍学术进步，语料库建设的低水平重复，人力、物力和财力的极大浪费等严重后果。而要改变这种不良状况，迫切需要政府科研管理部门的强力干预，以政策法规、行政命令的方式要求语料库开放，以实现最充分的资源共享。

关键词　汉语中介语语料库　资源共享　政府科研管理部门

一　语料库的作用与发展

自1995年第一个汉语中介语语料库"汉语中介语语料库系统"在北京语言学院（北京语言大学前身）建成以来，基于语料库的对外汉语教学研究、汉语习得研究、中介语研究得到了很大发展，形成了一批重要的研究成果。例如陈小荷（1996）、熊文新（1996）、王建勤（1997）等是依据该语料库最早产出的研究论文，分别对学习者副词"也"的偏误情况及影响因素进行考察，对学习者的"把"字结构进行表现分析，对学习者"不"和"没"否定结构的习得情况进行研究。这些研究得出了一些新的结论，深化了对相关问题的认识，集中体现了该语料库的应用价值。赵金铭等（2008）、张博等（2008）是基于该语料库取得的系统性研究成果，前者对包括差比句、"得"字补语句、趋向补语句、否定句的偏误现象与习得情况，以及介词、副词、量词的句法表现进行考察，发现了"纯粹定性研究中一些易

* 本研究得到北京语言大学语言资源高精尖创新中心项目"汉语中介语语料库建设创新工程"（KYD17004K）、北京市社会科学基金重点项目"汉语中介语语料库建设标准研究"（15WYA017）、教育部哲学社会科学研究重大课题攻关项目"全球汉语中介语语料库建设和研究"（12JZD018）的资助。

被忽视的问题或不符合实际的地方"(赵金铭等 2008,前言);后者针对汉语中介语词汇研究中存在的问题,"首次对汉语中介语词汇和与此相关的汉语词汇问题及词汇教学问题进行了较为全面系统的探讨"(张博等 2008,前言),在汉语中介语易混淆词、多义词、同义词、反义词、汉外词汇对比等方面,以及词典与教材的研究中取得了多方面的创新性成果。

这些研究成果使人们看到了语料库的作用与价值,引起了学界的广泛关注,激励更多的教师、学者和单位投入语料库建设,大大促进了汉语中介语语料库建设的发展。进入21世纪以来,先后有"HSK动态作文语料库"(北京语言大学)、"汉语学习者口语语料库"(北京语言大学)、"非汉字文化圈国家学生错别字数据库"网络应用平台(北京语言大学)、"面向计算机辅助正音的汉语中介语语音语料库"(北京语言大学)、"留学生中介语语料库"(中山大学)、"汉字偏误标注中介语语料库"(中山大学)、"留学生汉语中介语语料库"(暨南大学)、"外国学生汉语中介语偏误信息语料库"(南京师范大学)、"韩国留学生汉语中介语语料库"(鲁东大学)、汉语中介语口语语料库(南京大学)、"语言习得汉语口语语料库(LAC/SC)"(香港中文大学)、"TOCFL学习者语料库"(台湾师范大学)、"广外——兰卡斯特汉语学习者语料库(Guangwai-Lancaster Chinese Learner Corpus)"(广东外语外贸大学、兰卡斯特大学)等一大批语料库问世。特别是北京语言大学申报立项、国内外众多汉语教学单位和教师学者合作共建的教育部重大课题攻关项目"全球汉语中介语语料库建设和研究"的核心成果"全球汉语中介语语料库",包括笔语、口语、视频三类语料,标注语料总规模已经达到1.26亿字,且仍在持续增加中,是汉语中介语语料库建设2.0时代[①]最具代表性的标志性成果,具有里程碑意义。

可以毫不夸张地说,"汉语中介语语料库建设渐成高潮,'成为语料库研究中的热点'(谭晓平 2014),汉语中介语语料库建设正在跨入一个繁荣发展的重要时期"(张宝林、崔希亮 2015)。

二 语料库应用中存在的问题及原因

2.1 语料库的开放与资源共享

包括汉语中介语语料库在内的各类语料库建设的发展与政府的支持和引导密切相关,各级政府科研管理机构对语料库建设十分重视。以国家社会科学基金项目为例,2004年以前,国家社会科学基金项目课题指南几乎不曾涉及语料库。但在2005年至2008年期间,课题指南在"汉语研究"的"历史语法词汇研究""计算语言学研究""对外汉语教学研究""少数民族语言研究"和"外国语言研究"等多个部分都谈到语料库问题,特别是在“对外汉语教学研究”部分明确指出，要“以语料库建设和多媒体、网络教学等现代教育技术研究和运用为突破口，指导和带动教学理论、学习理论的研究”[②]，并投以巨资，支持了许多语料库建设和应用研究项目。2012 年，教育部在当年的重大课题攻关项目征题立项的 50 个项目中，唯一一个语言学项目就是“全球汉语中介语语料库建设和研究”，这是语言学界破天荒的重要事件，凸显了国家层面对汉语作为第二语言教学领域中语料库建设与应用研究的高度重视。不言而喻，国家如此重视并支持语料库建设与研究，是希望在科学研究、语言教学、社会发展、人民生活中发挥其应有的巨大作用的。而发挥作用的前提，则是语料库的开放与资源共享。

2.2 语料库的封闭现象与弊端

与国家这种推动语料库建设与应用研究发展的初衷背道而驰的是，很多受政府科研经费支持的语料库建设项目在语料库建成之后，并没有向学界和社会开放，而是成了少数语料库建设者的“自留地”，只供他们自己及其所指导的硕博研究生使用，对他人和外界则是严格封闭，绝对不允许使用的。

非常可惜的是，这种封闭现象并非个案，而是绝大多数，开放给大家使用的倒是极少数。以汉语中介语语料库为例，建成的语料库不下 30 个，而开放的只有北京语言大学的“HSK 动态作文语料库”、中山大学的“汉字偏误标注连续性中介语语料库”、暨南大学的“留学生汉语中介语语料库”，以及北京语言大学和国内外学界合作共建的“全球汉语中介语语料库”。

国家出巨资建设的语料库却不能为学界和大众所用，反而成了建库者的个人资源。笔者认为，之所以出现此种情况，究其原因，无非是建库者狭隘的本位主义、小团体主义，想要垄断资源，为“我”所用。既然是“我”费尽心力建设了语料库，那就应该由“我”垄断利用，进行研究，发表成果，以获得学术上的领先地位。这样封闭语料库的弊端是巨大的。

第一，国家的宝贵投资未能取得广泛的社会效益和学术效益，未能实现国家在语言学和语言教学领域的科学技术发展方面的战略目标。各级政府科研管理部门的科研项目是根据国家当时的发展战略目标规划与制定的，是为国家发展、社会进步、人民生活幸福而设立的，项目完成后其研究成果（涉密者除外）就应当为社会所用，为之后的科研工作所用。而只有少数人使用语料库是无法达到这样的宏大目标的。

第二，造成学术资源的严重浪费。语料库是供语言教学和相关研究使用的学术资源，是工具，其价值在于使用：使用的人越多，产出的研究成果越多，其价值就越大；反之，其价值就越小。

相比于国内外汉语学界的众多教师、专家、学者、研究者来说，建库者个人及其小团体人员有限,时间精力有限,研究能力和水平也有限,因而使用语料库所能开展的研究内容和范围以及所能达到的研究水平也就十分有限。而更多、更有能力的人想使用语料库进行各种相关研究而不可得,实在可惜,可叹。

第三,阻碍学术进步。我们今天所处的时代是大数据时代,而语料库正是大数据思想在语言和语言教学研究领域的集中体现,语料库的理念与思想就是大数据的理念与思想。语料库为语言和语言教学研究提供了定量分析的坚实基础,可以使语言和语言教学研究在大数据的基础上开展,从而使研究结论具有更强的客观性、稳定性和普遍性,并把语言研究从以往那种小规模、经验型、主观思辨式的研究转变为基于大规模真实语料的、定量分析与定性分析相结合的实证性研究。可以毫不夸张地说,"语料库的使用,为语言学的研究提供了一种新的思维角度,辅助人们的语言'直觉'和'内省'判断,从而克服研究者本人的主观性和片面性,逐渐成为语言学研究的主流方法。……语料库的使用扩展了语言学家的眼界,使他们看得更远,看得更细,从而使他们能够发现更多的语言现象,挖掘出更多的语言事实,把语言学的研究推向一个新的阶段。从某种意义上说,语料库的使用,是语言学研究的一次革命性的进步"(冯志伟 2006)。这种认识与观点是有充分根据的,是恰如其分的,体现了语言学研究的巨大进步,更是社会与时代发展进步的重要体现。

然而,由于建库者的认识局限,语料库不能为学界广泛使用,无法进行这种基于大数据的定量分析与实证性研究,客观上导致了语言学研究一定程度的停滞,无法与时俱进。

第四,导致语料库建设的低水平重复,造成了人力、物力和财力的极大浪费。大多数语料库不开放,人们只能用少数开放的语料库;而由于种种原因,当开放的语料库不能满足其实际需要时,就只能下决心,想办法,另建其所需要的语料库。而实际上那些已建成而不开放的语料库可能是可以满足其使用需求的,这就造成了语料库的重复建设。而语料库建设本身是一个涉及多学科、复杂庞大的系统工程;语料库的新建设者由于以往对语料库建设缺乏了解,毫无实践经验,因此要从头开始,逐步探索。在此过程中自然会遇到前人遇到过的困难,难免会重复前人犯过的错误,最后建成的语料库在设计思想、语料规模、标注内容与质量等方面可能还不如之前已有的语料库。这种情况属于典型的低水平重复现象,除了造成人力、物力和财力的浪费之外,没有任何实际意义。这种情况令人痛心。

有研究指出,近十年来,虽然语料库数量众多,类型丰富,但可公开使用的语料库并不多。我们认为如何最大范围地实现语料库的资源共享模式,让语料库研究成果的受益群体最大化,仍然是一个值得研究的课题(谭晓平 2014)。斯言是矣。

三 解决问题的方法

早在21世纪初，当我们设计“HSK动态作文语料库”时，就提出了语料库建设的开放性原则(张宝林等2004)。语料库建成后，我们立即兑现承诺，向海内外各界人士免费开放；后来又应用户要求，取消了普通用户与高级用户的区分，提供了语料下载功能，全面开放了语料库。自2006年语料库建成上网开放以来，为数以万计海内外用户的研究工作提供了语料支持。截至2022年4月10日，仅在中国知网(CNKI)中检索，基于该语料库进行研究而发表的或与之有紧密关系的各类学术论文就有6064篇，很好地发挥了其学术资源作用，推动了汉语二语教学、习得研究和中介语研究的不断发展，在国内外汉语学界产生了广泛的学术影响，赢得了良好的学术声誉。我们为此而感到欣慰。

2014年，在第三届汉语中介语语料库建设与应用国际学术讨论会的大会报告中，我们再次提出语料库应“免费开放，实现最充分的资源共享”的呼吁，并全面论证了资源共享的理据、途径与相关的知识产权、隐私保护等问题[③]。然而时至今日，响应者寥寥，语料库资源共享的问题依然如故，并未得到广泛的解决。

多年来，学界不断有学者提出这一问题。近年来，要求语料库开放的呼声越发强烈，呼吁开放的语料库类型也并不限于汉语中介语语料库。这种呼声有其充分的合理性，因为语料库本来就“应该是一个可以被人类和科学研究者重用的、共享的资源”(郑家恒等2010,6)。

中国是汉语的故乡，我们是汉语母语者，我们还是汉语教师以及汉语中介语语料库的建设者。建设规模宏大、质量优异、方便易用的汉语中介语语料库并向全球开放，使之为全世界的汉语教学与研究服务，本来就是我们义不容辞的使命、责任与义务。我们责无旁贷，我们必须积极主动地承担起这个使命。我们不但应该有建设“最好最大”的汉语中介语语料库的雄心、能力与家国情怀，也应该具备积极主动、全心全意为全世界的汉语教学与研究服务，与全世界汉语学界共享语料库资源的胸襟与气魄。

近20年汉语中介语语料库建设的实践经验与理论思考使我们更深刻地认识到，语料库的开放与资源共享并不仅仅是一个思想认识问题，也并非单纯的道德与觉悟问题，甚至不仅仅是一个学术问题，它还是一个宏观管理政策问题，是一个涉及科技创新、教育改善、国家发展、社会进步的大问题。因此需要由政府科研管理部门制定相关政策，发布规定与命令，从国家层面解决这一问题。

可以采取的具体办法包括：

1. 由各级政府科研管理部门制定政策，发布规定：凡是由各级政府科研管理部门、高等院校、科研院所批准立项和资助的语料库建设项目,包括汉语中介语语料库和汉语母语语料库,乃至其他各种语料库,只要不存在涉密问题,建成后必须向学界与社会开放,免费供国内高等院校、科研院所、公民个人,乃至全球汉语学界浏览使用,并将此作为项目中期检查与结项的重要指标之一。

2. 对已经建成而未向学界与社会开放的语料库采取“回溯”“倒追”等复审机制,以政府行政命令的方式要求其落实与执行政府科研管理部门发布的关于语料库资源共享的政策、命令与要求,限期向社会开放,而且是免费开放。

3. 由政府科研管理部门组织研制“语料库建设与使用标准”,通过法治手段,使语料库的开放与共享成为行业标准。

值得欣慰的是,由北京语言大学申报并承担、由北京市哲学社会科学规划办公室批准立项与资助的北京市社会科学基金项目重点项目“汉语中介语语料库建设标准研究”已完成研究工作,并已顺利结项。该项目提出了“汉语中介语语料库建设标准”(草案),包括以“对外开放,资源共享”为基本内容的使用标准。相信该项目所提出的使用标准会对语料库资源共享问题的解决起到积极的推动作用。

相关的知识产权与隐私保护方面的配套措施包括:

1. 语料库免费开放,实现最充分的资源共享,欢迎任何人登录浏览与研究使用,唯一的条件是限于非商业目的。

2. 使用语料库进行教学与学术研究,是语料库价值的体现,因而应欢迎并鼓励高等院校、科研院所乃至公民个人使用语料库,唯一的要求是在研究成果中注明语料来源。

3. 语料库中来自汉语教学单位的语料凡对正常的考试、教学不构成影响的应全文呈现;有可能构成影响的则不能全文公开,而仅以句子(包括单句和复句)形式呈现。

4. 尊重并保护语料产出者的个人隐私,其姓名信息不能公开;视频语料中的人物图像等如未得到当事人同意,也不能公开。除非采取了特殊技术处理,例如负片形式④。

如果上述认识与办法能够得以落实,语料库的资源共享问题即可彻底解决,从而更加充分地发挥语料库应有的作用,促进汉语教学与相关研究广泛而深入的发展。

注 释

① 关于汉语中介语语料库1.0时代和2.0时代的划分及其特点详见张宝林(2019)。

② 详见2005、2006、2007、2008年度国家社会科学基金项目课题指南。

③ 详见张宝林、崔希亮(2015)。

④ 这个做法是洛杉矶加州大学陶红印教授告诉笔者的。

参考文献

陈小荷(1996)跟副词“也”有关的偏误分析,《世界汉语教学》第2期,53—59页。

冯志伟(2006)《应用语言学中的语料库》导读,《应用语言学中的语料库》(Hunston, S. 著),14—15页,世界图书出版公司北京公司、剑桥大学出版社。

谭晓平(2014)近十年汉语语料库建设研究综述,第七届北京地区对外汉语教学研究生论坛(2014)第七届北京地区对外汉语教学研究生论坛文集,26—31页,2014.05.10,北京大学对外汉语教育学院。

王建勤(1997)“不”和“没”否定结构的习得过程,《世界汉语教学》第3期,92—100页。

熊文新(1996)留学生“把”字结构的表现分析,《世界汉语教学》第1期,80—87页。

张宝林(2019)从1.0到2.0——汉语中介语语料库的建设与发展,《国际汉语教学研究》第4期,84—95页。

张宝林、崔希亮(2015)谈汉语中介语语料库的建设标准,《语言文字应用》第2期,125—134页。

张宝林、崔希亮、任　杰(2004)关于“HSK动态作文语料库”的建设构想,《第三届全国语言文字应用学术研讨会论文集》(中国应用语言学会编),544—554页,香港科技联合出版社。

张　博等(2008)《基于中介语语料库的汉语词汇专题研究》,北京大学出版社。

赵金铭等(2008)《基于中介语语料库的汉语句法研究》,北京大学出版社。

郑家恒、张　虎、谭红叶、钱揖丽、卢娇丽(2010)《智能信息处理——汉语语料库加工技术及应用》,科学出版社。

作者简介

张宝林,北京语言大学汉语国际教育研究院教授,博士生导师,主要研究方向为语言学及应用语言学。Email:zhangbl@blcu.edu.cn。

《老乞大》《朴通事》对汉语教科书编写的启示

汪维辉　邵珠君

浙江大学汉语史研究中心/文学院

提　要　《老乞大》《朴通事》是朝鲜半岛历史上最重要的汉语口语教科书，今天读来仍然充满魅力。本文以《老》《朴》目前存世的最早文本《原本老乞大》和《朴通事谚解》为依据，分析编者的做法，推测背后的理念。文章认为，编写二语学习教材，最重要的有三点：一是语言，《老》《朴》采用的是"学了就能用的地道口语"；二是形式，两书均采用会话体，这是编者的伟大创造，前无所承；三是内容，两书内容丰富，涉及社会生活的方方面面，生活气息浓郁，充分反映人情世态，充满生活智慧和经验。为了让学生成为"中国通"，创造性地采用前无古人的会话体，把纯正地道的汉语和各种相关知识通过有趣的方式教给学生，这样的编纂理念和做法，成就了《老》《朴》这两部不朽的教科书，时至今日仍值得借鉴。

关键词　《老乞大》《朴通事》　汉语教科书　编写　会话体

一　引言

《老乞大》《朴通事》合称"《老》《朴》"，是朝鲜半岛历史上最重要的汉语口语教科书，朝鲜时代杰出的汉语学家崔世珍说过："夫始肄华语者，先读《老乞大》《朴通事》二书，以为学语之阶梯。"(《四声通解》序)从 14 世纪到 18 世纪，《老》《朴》作为官方指定的经典教材，几经修订，沿用约五百年而不辍。其间也产生过其他的口语教科书，如偰长寿的《直解小学》(已佚)[①]，李边编的《训世评话》(1473 年)，申叔舟、曹变安、金曾、孙寿山等编的《直解童子习译训评话》(不传)[②]和明代中国人丘濬的剧本《伍伦全备》[③]等，但是都未能撼动《老》《朴》的权威地位[④]。即使今天读来，《老》《朴》仍然充满魅力，确非浪得虚名。六百多年前的无名作者在教材编写上的才智和成就令人惊叹。

《老》《朴》为什么能成为经久不衰的经典教科书？它们的魅力究竟何在？对于今天汉语教材的编写有什么启示？这些问题引起学者们的兴趣主要是在进入 21 世纪以后，当与对外汉语教学的勃兴密切相关。经过 20 多年来多位学者的研究[⑤]，《老》《朴》作为优秀教材的特点以及给今天的启示已经得到充分的阐发，有的研究水平还相当高，比如黄明明(2004)把《老》《朴》的编写特点归纳为四点:"一、语体:纯粹的会话体;二、内容:语言学习和社会文化背景的有机融合;三、编排:功能项目的雏形;四、教法:生动的情景模拟。"概括简练准确。笔者既无二语教学和教材编写方面的理论积累,也缺乏实际教学经验(笔者之一在韩国延世大学教过一年汉语),只能根据编纂《朝鲜时代汉语教科书丛刊》(汪维辉 2005a)时对《老》《朴》及其他教科书的了解和研究,谈几点肤浅的体会,希望能为对外汉语教材的编写提供一点儿参考。时贤已有共识的尽量从略,但重复难以尽免,敬请读者谅解。

编写二语学习教材,需要考虑的问题很多,但是最重要的有三点:一是语言,二是形式,三是内容。下面就围绕这三点来讨论。论述的思路是"返璞归真,就事论事",即以《老》《朴》目前存世的最早文本《原本老乞大》和《朴通事谚解》[6]为依据,分析编者的做法,推测背后的理念。因为《老》《朴》的经典性是由其最初文本奠定的,后来的修订本也好,谚解也好,都只是在此基础上踵事增华而已。这里先对这两个文本作一点儿说明[7]:

(1)《原本老乞大》

又称《元代汉语本老乞大》《原刊老乞大》《古本老乞大》《旧本老乞大》,是指 1998 年在韩国大邱发现的一种纯汉文本《老乞大》刻本,经郑光、南权熙、梁伍镇合作研究,初步认为此本约刊刻于朝鲜世宗朝(1418—1450 年),是迄今所见最早的《老乞大》本子。它的语言与传世的版本存在明显的差异,是地道的元代北方口语,而且本国一律称"高丽",北京称"大都",辽阳称"东京"。由此推断,其内容应为元代本。金文京(2005)认为称之为"原本"并不妥当,据他们研究(金文京等 2002),这个文本也是经过修改的,并非最初的原貌。本文姑依通行叫法称为"《原本老乞大》",虽然未必就是最初的文本,但是估计相去不会太远,尤其是语言,完全是元代的"汉儿言语"。[8]

(2)《朴通事谚解》

目前尚未发现像《原本老乞大》那样的"原本朴通事"(肯定存在过),所以只能用《朴通事谚解》,因为它的汉文部分跟《老乞大谚解》一样,在 1483 年经过中国使臣葛贵的修订,是目前所见最早的《朴通事》完整汉文本。《朴通事谚解》的内容跟"原本朴通事"应该基本一致,只是语言有较大的修改,已不同于元时的初版本,大体上反映了明初的北方话口语,这只要看看《原本老乞大》就不难推想。

总之,下文提到《老》《朴》,除非特别说明,都是指《原本老乞大》和《朴通事谚解》(汉文部分)。

二　语言

采用什么样的语言,是编写教科书首先会碰到的问题。这一点《老》《朴》的编者看来是胸有成竹的，简言之，就是采用“学了就能用的地道口语”。这是根据教学目的而设定的语言标准，因为《老》《朴》最初作为产生于民间的“草根”教材，其目的就是让人学了就能用。高丽时代和朝鲜时代的政府机构通文馆、司译院采用《老》《朴》作为官方培养口译人才的教材，目的也是如此。[⑨]所谓“地道口语”，有两层意思：第一，它是正确可靠的口语；第二，它是鲜活自然的口语。下面略作申论。

先说第一点。毫无疑问，二语教材的语言必须确保正确无误。笔者认为《老》《朴》使用的是纯正的汉语，也就是元代通行于大都的“汉儿言语”，迄今没有发现受朝鲜语影响的迹象。[⑩]只要比较一下《训世评话》，就可以知道《老》《朴》的语言是多么可贵。李边编纂《训世评话》时可能也请汉人修改过[⑪]，但是书中“非汉语用法”还是相当多的[⑫]，比如全书“……道的”一共出现35次，主要用于介绍人名，也可用于介绍地名（仅2次），相当于“叫作……的”，例如：“古时，苏东坡道的官人，除做徐州太守时节。”这个用法出现得如此频繁，一定是作者非常熟悉和常用的，但却不见于其他汉语文献，刘坚（1992）说“我们不能肯定它是否蒙古语的影响，但它并非汉语所固有，却是可以确定的”。说“它并非汉语所固有”是完全正确的；如果说是受蒙古语的影响，那么在元明时代的相关文献中总会有所反映，可是我们至今没有发现一点儿痕迹。这恐怕是受作者母语影响而误用的一个词。在韩语里，“有一个叫某某的人”这样的说法是在人名后面加一个语法结构“～ 라고 하는”，就相当于“道的”，人名前不用“叫”“唤作”一类的词。比如：소동파라고 하는 사람（有一个叫作苏东坡的人）。所以，这个“……道的”透露出作者母语的信息，肯定是“非汉语用法”。像《训世评话》中出现的这类“非汉语用法”，《老》《朴》里面是找不到的。从语言和内容看，我们相信《老》《朴》一定是由汉语母语者所编或者经过汉语母语者的严格审定，非母语者的语言不可能如此纯正。今天编写二语教材，编者也首选母语者，道理就在这里。

再说第二点。大家都承认《老》《朴》采用的是口语，但是对于口语的内部差异却少有论及。实际语言生活中存在各种各样的口语，领导做报告、老师讲课，跟家人闲谈、朋友唠嗑、街坊吵架，用的不可能是同样的口语，古今皆然。笔者认为《老》《朴》采用的是最通俗自然的口语，其特点是“不避俗，接地气”。当然，《老》和《朴》的语言又有所不同。

《老》作为初级课本，采用的是商人使用的日常口语，相当于今天的商贸汉语。蒋绍愚（2005）谈到《原本老乞大》的语言：

> 1973年，日本学者入矢义高在为陶山信男编纂的《〈朴通事谚解〉〈老乞大谚解〉语汇索引》所作的《序》中说，当他在1944年读到影印出版的奎章阁本《朴通事谚解》时，好像亲耳听到了元代人说的话，感到十分惊喜。他还说，和《孝经直解》以及元代白话碑相比，《老乞大谚解》《朴通事谚解》反映的是元代后期的白话，因为这两本书

经过了修订，没有了元代初期“汉儿言语”的那种“泥土味”，已经比较接近共同语了。今天看来，入矢义高先生在几十年前所作的观察还是很有眼光的；有些话说得不够准确，那是因为他未能看到更早版本的《老乞大》。现在我们看到了《原本老乞大》，就可以听到真正是元代后期的白话，闻到那种“泥土味”[13]，也能通过《原本老乞大》和《老乞大谚解》的逐字逐句的比较，了解到从元代后期到明代初年汉语发生了什么变化。

这种带有“泥土味”的白话，就是我们所说的“地道口语”。陈高华(2002)说：“至于说其中有大量蒙语直译(或硬译)文字，那是因为元代特殊的社会状况造成的。蒙语是官方语言，蒙语硬译文体大量使用于政府公牍，不能不对其他形式的文字形式发生影响，进而影响到汉语口语。旧本《老乞大》说明，当时的汉语口语中渗入了不少蒙语的语法构造和词汇，这是不足为怪的。真实反映当时汉语口语的复杂情况，这也正是旧本《老乞大》价值所在。”可谓知言。金文京(2005)通过钩稽元杂剧《尉迟恭三夺槊》、《启札青钱》所见《问答绮谈》、《事林广记》所见《把盏体例》和《黑城出土文书(汉文文书卷)》所见书信这四项资料中的实际用例，有力地证明了“此一可能受到北方民族语言影响的变形汉语在元代的北方中国一定范围之内成为普遍使用的共通语言”。我们不妨引录《老》开头一段对话来感受一下：

伴当，恁从那里来？
俺从高丽王京来。
如今那里去？
俺[往]大都去。
恁几时离了王京？
俺这月初一日离了王京。
[既]恁这月初一日离了王京，到今半个月，怎么才到的这里？
俺有一个伴当落后了来。俺沿路上慢慢的行着[等]候来。为那上，迟了来。
那伴当如今赶上来那不曾？
这[个]伴当便是，夜来才来到。
恁这月尽头到的大都那到[不]得？
知他，那话怎敢道？天可怜见，身已(己)安乐呵，也到[得][有]。

这就是元代首都所通行的标准汉语。后来的两种修改本《老乞大谚解》(1483年)和《老乞大新释》(1761年)都继承了这种“不避俗，接地气”的传统，使用的一直是俚俗的口语。

《朴》作为中高级课本，除了普通百姓的生活口语，还有文人使用的文雅口语和文言文[14]，语体层次丰富，句式复杂多样，词汇量也大得多。但除了纯文言（如下面所举的第三段文字），它们也都是当时的活语言，纯朴自然，地道准确，学了就可以用，只是用于不同场合而已。下面举出三段不同语体的原文以窥一斑：

(1)买猏皮

店里买猏皮去来。

那个店里去？

山西店里去。

买猏皮做甚么？

做坐褥、皮搭连。

这两件东西做时，使的六个猏皮。

卖猏皮的，好猏皮有么？

那里将不好的来？都是好的。你要几个？

要六个。

这六个，商(商)量价钱着。

你说都是好的，怎么没一个中使的？

十个指头也有长的短的。有的是猏皮里，你自拣着要。

这一等花儿匀大的，怎么卖？

这六个大的，每一个讨五钱银子；老实价钱四钱一个家将去么。

你来，我说与你，没来由胡讨价钱怎么？三钱一个家买你的。

罢，罢，将银子来看。六个猏皮每一个三钱家算时，通该一两八钱。

我的都是细丝官银，每一两倾白脸银子出一钱里。

罢，罢，我知道。

出馈你一钱八分银子。

咳，你忒细详。“觅得高丽钱，大快三十年！”

这是原味儿的市井口语。“觅得高丽钱，大快三十年”大概是当时中国人形容高丽人的俗语[15]，用得恰到好处。

(2)拜见高丽秀才

如何先生数日不见？

听我说，小子近日听得，有高丽来的秀才，寻他讲论些文书来，因此不得工夫，阙拜望。得罪！得罪！

先生有何新闻？
没甚新闻，只听的高丽新事来。
先生你说一说。
要说甚么？如今和小人望他去便了。
咳，没头口却怎的好？
且住，你来街坊有赁的驴么？
有钱时那里没赁的驴？
将一百个钱去，疾快赁的来。
牵将来鞴了也。先生恰说的秀才在那里下着里？
崇文门里头，大街街东，张编修家里下着。
那般时更好，张编修是小人的同年，就望他去时也不多。
{二人到那门首敲门道：“编修相公有么？”}
{小厮道：“我相公不在家。”}
高丽来的秀才有么？
书房里坐的看文书里。
你入去说一说，每常来的沈进中和葛敬之教授两个，探先生来里。
相公，沈先生在门前里。
请么，沈先生。
小人门前有客，是谁？
葛教授探先生来里。
咳，惶恐，惶恐！请么，先生！
不敢！
何必如此？
主人先行客从之。
请坐。
先生贵姓？
在下姓韩。
表德何似？
在下年幼，无德可表。在下名是彬，字文中。
春秋何似？
三旬有二。
贤尊令堂有么？

在下具庆。

你这东国历代几年？当初怎生建国来？

咱本国是太祖姓王讳建，表德若天。年二十岁时分，唐昭宗乾宁三年，上泰封王弓裔手下做了铁原京太守。每番有大功劳，升做水军将军、波珍餐侍中。

恰说的是甚么官职？

侍中是这里丞相一般。那时节，弓裔无道，靡所不为。梁贞明四年三月里，将军裴玄庆、洪儒、卜智谦、申崇谦等四个人，到太祖宅里商(商)量道："弓王如此无道，怎受他苦？咱众人们特来告报，愿主公用心救百姓受苦。"太祖不准的其间，娘子柳氏出来说道："凭着大体例，征伐无道，自古有之。咱妇人家也听的这众人之言，心里疼杀，更是男子汉家怕甚么？"道罢，抬出金甲来，穿与太祖身上。众将军们扶侍上马，着一个人前行，晓谕众百姓们道："王公已举义兵了也！"百姓们听的，欢喜无尽，擂鼓打锣，先到宫门前等的万千人。弓王搅撒了，穿着下次人的衣服，逃走在山里，后头打围的人们撞着射杀，便那一日即位布政殿，国号"高丽"。第二年移都松岳郡，便是如今王京城子。

咳，美哉！张编修有此好文官。古人道："君子不出户而知天下。"信然！

安置，韩先生。咱去也。

何须谦让。不当家，吃些淡茶去不妨。先生且坐一坐。保童，疾快将茶来。小子没甚么乡产与先生，这的高丽笔墨和二十张大纸将去，人事与相识弟兄。

多谢！正是难得之物。咱秀才家，正是所用之物。这的便是，古人有言："卖剑卖与烈士，胭粉赠与佳人。"

这是文人间的对话，其中有不少文绉绉的雅语，《朴》全书以此段作结。

(3)南海普陀落伽山观音菩萨[16]

咱兑(兑)付些盘缠，南海普陀落伽山里参见观音菩萨真像去来。这菩萨真乃奇哉！理圆四德，智满十身。洒悲雨于遐方，扇慈风于刹土。座饰芙蓉，湛南海澄清之水；身严璎珞，居普陁空翠之山。或作童男，或作童女，或现质梵王帝释，或分身居士宰官。以声察声，拯悲酸于六道；随相现相，救苦恼于三涂。起浮屠于泗水之间，结草庐于香山之上，执杨柳于掌内，拂病体于轻安，倾甘露于瓶中，济险途于饥渴。面圆璧月，身莹琼瑰，齿排柯雪，眉秀垂杨。由是威神莫测，圣德难思，故得人天之喜跃，鬼神之欢欣。万民无搔扰之忧，百姓有安祥之庆。若人有难，念菩萨名，速诣其处，救众生难，寻声救苦，应念除灾。如是菩萨，不可不参。咱这众生知不知？作一切罪障，有千有万，咱也到佛所，诚心忏悔，后不复作。咱如今身巳(己)安乐时节，不修善时，如同禽兽之类。"一针投海底，尚有可得日；一失人身后，万劫再逢难。"

这种骈文体的文言，已经是吕叔湘先生（1992/1944）所说的"超语体"了。《朴》之所以要编入像后面两段这样的语言，是因为有实际需要。对于一个合格的口译官来说，仅仅掌握《老》的语言是不够的，《李朝实录·正祖实录》卷十七（八年三月四日己丑）记载："召见回还谢恩正使洪乐性等，问燕中事情。乐性启：'彼我国通情，亶在于言语酬酢，而使臣初未谙汉语。所谓译官言语，不过商贾买卖间说话而已。若与朝官士人相接，则彼此多不能通话。……'"可见《老》所教的"不过商贾买卖间说话而已"，如果不掌握文人雅语，那么"若与朝官士人相接，则彼此多不能通话"。

由上所述可见，《老》和《朴》的语言虽有所不同，但都是为了适应实际需要。

口语教科书应该用什么样的口语来写？这个问题其实并不总是那么清楚的。上面说到《老乞大谚解》（1483 年）和《老乞大新释》（1761 年）两次修订时都继承了《原本老乞大》"不避俗，接地气"的传统，使用的一直是俚俗的口语。但是到了最后一种修订本《重刊老乞大》（1795 年），在采用什么样的语言上就产生了问题，"也许是正祖觉得前代英祖时改编的《新释》太过口语化，有失雅正，所以才有必要重修，因为在短短的三十几年间语言的变化不至于大到要把全书再重改一遍"（汪维辉 2005a，157）。那么《重刊》所要追求的汉语究竟是一种什么样的汉语呢？这是《重刊》修订者面临的一个棘手问题。《重刊》在许多地方的模棱两可、游移不定、进退失据正是反映了这种尴尬：为了避俗就雅，它把《新释》的一些口语回改成《谚解》的明代汉语，但是如果全面贯彻这一原则，就会导致修改出来的东西失去实用价值（像洪启禧在《新释》序中所说的"不中用"），而且也没有必要，因为《谚解》本当时就在；为了兼顾实用性，它又不得不吸纳一些新的语言成分，特别是把南方方言成分改成地道的北京话。最后弄成了一个新旧混杂的"四不像"，修改以失败而告终。[17]这就涉及观念问题。回顾改革开放初期笔者之一自学英语和日语的年代，所用教材都是国内权威高校编写的，但是学了以后往往不能用于日常生活，因为语言太书面化。现在的语言教学观当然已经与那个年代大不相同，编写二语学习教科书应注重口语性和实用性已然成为共识，但是不够接地气的问题还是存在的。我们太喜欢做"提纯"工作，把实际口语中很多原汁原味的东西都"过滤"掉了，结果学生学到的就不是鲜活自然的地道口语。白星晶（2018）对此有过中肯的论述：

> 目前我国的语言教材始终不能深入广大的百姓阶层去展开编辑思路，牢牢地恪守教授正面语言的导向，没有勇气越粗俗口语的雷池一步。这样做的结果虽然在教学思想上保持了高度的优秀状态，但却或多或少地排斥了一大部分庶民百姓之间所长期使用和熟悉的粗俗口语，结果与真正的现实生活产生了一定的距离。《老乞大》

和《朴通事》的著书思想可以说完全跳出了必须学习正面语言的羁绊，将当时中国真实的百姓语言纳入书中，以求高度地贴近中国社会和中国文化，这种著书思想是值得我们目前语言教材编辑人员学习和效仿的。作为语言教育工作者，应当竭力把语言现象原封不动地交给学习者，让学习者自己去判断学习内容的正误真伪，从而做出取舍的判断。语言的素材应当以原生态的形态走进学习者的世界，进而及时而准确地拉近母语与目的语之间的距离。

可见教材的语言要做到"原生态""不避俗"并不容易，《老》《朴》的做法值得我们深思。

三　形式

《老》《朴》均采用会话体，这是编者的伟大创造，前无所承。

张辉（2014）认为："通过与战国、隋唐、宋朝时期的会话文体及中国古典文献口语会话文体的对比分析发现，《老乞大》是在中国古代会话文体的基础上形成的，而其文本内容为适应汉语学习的需要借鉴并摘取了朝天游记中的部分内容。"这个看法恐怕不符合历史事实。第一，作者所列举的战国、隋唐、宋朝时期的会话文体及中国古典文献口语会话文体，跟《老》《朴》的会话体不是一回事，看不出有什么直接的关系，《老》《朴》通篇采用对话体，编成口语教材，这在中国并无先例；第二，所谓的"朝天游记"，主要是明清时期的产物，《老》《朴》成书于元代后期[18]，其时此类文献尚少，不太可能"借鉴并摘取了朝天游记中的部分内容"；第三，据金文京（2021）研究，1354年的时候，"（住在大都的高丽人）包括老幼妇女、僧人、出仕元朝的大小官人、宫女、太监，其数目起码不少于五万。当时大都人口据称五十万到一百万之间[19]，那么，百分之五到十为高丽人。此外，大都郊外还有高丽人集住地高丽庄，在东南通州、西南宛平，有两处"。可见《朴》中的内容对编者而言应该是非常熟悉的，也无须"借鉴并摘取朝天游记中的部分内容"。

应该说，会话体是口语教材的最佳形式[20]，所以一直为后来的汉语口语教材所继承，像《华音启蒙》、《你呢贵姓》（《学清》）、《骑着一匹》、《中华正音》（有多种）、《华音撮要》、《关话略抄》等朝鲜时代的汉语教科书都是如此。[21]它也是今天二语教材普遍采用的形式，用不着多说；但在对外汉语教育史上，这种形式是由《老》《朴》所开创的，这个历史功绩值得后人铭记。

四　内容

这两部教科书内容丰富，涉及社会生活的方方面面，生活气息浓郁，充分反映人情世态，充满生活智慧和经验，值得细细玩味，即使是中国人读起来也会觉得兴味盎然，引人入胜。它们的共同特点是“原生态”。当然，在内容方面，《老》《朴》也是既有共性，又有个性。下面分别论述。

《老》的内容被李边贬称为“商贾庸谈”，的确如此，它就是讲四个高丽商人跟一位姓王的中国辽阳人结伴去北京做买卖一路上的所言所为、所见所闻。陈高华(2002)说《原本老乞大》“既是汉语教科书，又具有旅行和经商指南的作用”。跟《朴》相比，《老》更注重实用性，行文朴实无华，不追求趣味性，涉及面也没有《朴》广。但是静静地读下去，你会觉得好像在眼前展开了一幅幅风俗画，书中的人物、场景、话语、活动，历历如在眼前。请看下例：

主人家哥，俺几个行路的人，这早晚不曾吃早饭，前头又无甚店子，俺特的来，怎生粜与些米做饭吃。

索甚么粜米？俺的饭熟也，客人每吃了过去。

这般时，敢少了恁饭？

不碍事。便小(少)时，俺再做些个便是。将卓(桌)儿来，教客人每则这棚底下坐的吃饭。淡饭胡吃些个。有甚么熟菜蔬，将些来与客人吃。怕无时，有萝卜、生葱、茄子将来。就将些酱来。

别个菜都无，兀的有盐瓜儿，与客人吃。

也好，将来。客人每休怪，胡吃。

小人每骤面间厮见，哥哥便这般重意，与茶饭吃，怎么敢怪！

量这些淡饭系甚利害？偏俺不出外？出外时也和恁一般。

哥哥道的是。“惯曾出外偏怜客，自巳(己)贪杯惜醉人。”

《朴》的内容则更加丰富多彩，编排方式也不同，没有主线。如果说《老》像一部小说，那么《朴》更像一部散文集。除了“原生态”这一共同特点之外，《朴》还具有广泛性和趣味性两个特点，简直可以当作百科全书和文学作品来读。广泛性就是它的内容极其丰富多样，触及日常生活的方方面面，反映了各个方面的中华文化。(陈辽 2004)比如下面这一段：

街上放空中的小厮们好生广。如今这七月立了秋，祭了社神，正是放空中的时节。八月里却放鹤儿。有几等鹤儿：鹅老翅鹤儿、鲇鱼鹤儿、八角鹤儿、月样鹤儿、人样鹤儿、四方鹤儿——有六、七等鹤儿。八月秋风急，五六十托粗麻线也放不勾(够)。九月里打拾，耍鹌鹑，斗促织儿。十月里骑竹马，一冬里踢建子。开春时，打毬儿，或是博钱拿钱。一夏里藏藏昧昧。咳，小厮们倒聒噪，按四时耍子。

介绍了各种小孩子游戏的名称和知识,如放空中(空中就是空竹)、放鹤儿(鹤儿就是风筝,有各种各样的鹤儿)、打抬(杭州小儿之戏)、要鹌鹑、斗促织儿、骑竹马、踢建子(建子即毽子)、打毬儿、博钱(两人赌钱)、拿钱(即猜拳),洋溢着生活情趣。看了这样的"小厮们按四时要子",今天的孩子们可能会心生羡慕吧。

《朴》的编者还善于运用各种手段来增加教材的趣味性,让学生在快乐中学到语言和知识,比如下面这段猜谜的对话:

我说几个谜你猜。

你说我猜。

大哥山上擂鼓,二哥来来去去,三哥待要分开,四哥待要一处。

我猜,大哥是棒锤,二哥是运(熨)斗,三哥是剪子,四哥是针线。你再说我猜着。

当路一科麻,下雨开花,刮风结子。

这的是伞。

一个长大汉撒大鞋,白日去,黑夜来。

这个是灯台。

皱皱毡皱皱被,皱皱娘娘里头睡。

这个是核桃。

金瓮儿银瓮儿,表里无缝儿。

这个是鸡鸣(蛋)。

铁人铁马,不着铁鞭不下马。

这个是锁子。

墙上一块土,吊下来礼拜。

这个是雀儿。

一个老子当路睡,过去的过来的弄我的,不知道我的粗和细。

这个是碾子。

墙上一个琵琶,任谁不敢拿他。

这个是蝎子。

家后一群羊,个个尾子长。

这个是樱桃。

一间房子里五个人刚坐的。

这个是靴子。

金罐儿铁携儿,里头盛着白沙蜜。

这个是梨儿。

一个长瓮儿窄窄口，里头盛着糯米酒。

这个是奶子。

满天星宿一个月，三条绳子由你曳。

这个是秤。

两个先生合卖药，一个坐一个跳。

这个是药刀。

弟兄三四个，守着停柱坐。

这个是蒜。

钻天锥下大水。

这个是塔儿。

咳，都猜着了也，真个是精细人！

《朴》还有一个特点为大家所乐道，就是一段对话结束时常常来一句熟语，水到渠成，妙趣横生。比如：

你那腮颊上甚么疮？

不知甚么疮。

从几时出来？

从前日个出来。痒的当不得。

这们时不碍事，容易医他。不须贴膏药，有个法度便好了。

太医哥，你教与我这好法儿。

将指头那疮口上，着唾沫白日黑夜不住的搽，那们时便消了。

真个好法儿！太医哥不说时，却怎么知道？常言道："话不说不知，木不钻不透。"

甚至可以说，编者就是为了要让学生学习这些熟语而编出一段段对话来的，构思巧妙，令人叫绝。读着这样的教材，学生能不乐而忘疲？

后来的《训世评话》吸收了这一优点，65 则故事中有 9 则是纯粹的笑话，这些笑话穿插于教化故事之间，起到了很好的调节作用。不妨引录一则以窥一斑[22]：

古时，一个公兔子和老母熊斗话，兔子每遭赢（赢）了。有一日，老熊气不忿，到兔儿家里说："这两日我家里有祥瑞的东西。"兔儿说："甚么东西？"老熊说："千年朱顶鹤儿，从天上下来了；万年绿毛龟，海里出来了；老鼠下一个公驴子，不到七日马一般大了；猫（猫）儿下了三个羔儿，都识字。"兔儿说："咳，好妖怪！那里有这等？"老熊说："你不信我呵，明日来看么。"到明日晌（晌）午时分，兔儿到熊家里敲门，小熊出来答应。兔儿问:"你家里有千年朱顶鹤儿,还有么?"小熊答应说:"晨早起天上见玉皇大帝去了。""万年绿毛龟有么?"他说:"海里见龙王去了。""老鼠下的公驴子有么?"他说:"我的父亲骑者(着)打围出去了。""犹(猫)儿下的三个识字的羔儿有么?"他说:"大的学里上字出去了;第二的教场里抄炼去了;第三的街上买卖去了。"又问:"你的母亲怎么不出来?"他说:"寺里烧香去,都不在。"兔儿吃道儿走回去。这个是"跃跃毚(毚)兔,遇犬获之"。

这种传统也被后来的新式汉语教科书所继承,比如柳廷烈著、京城汇东书馆1913年发行的《汉语指南》,第六十四课《财神庙》(转引自朴在渊、金雅瑛 2009,1148—1149):[23]

乡下有一座财神庙,里头住着俩花子。这俩花子,见天讨饭回来,把所得的东西,就先供奉那个财神,然后才吃;得了钱就买香来焚烧。所以那个财神奶奶对财神爷说:"您太势利:若富贵的,你偏叫他发财;那贫穷的,你偏不管。"财神爷说:"这是甚么话呢?"财神奶々说:"即如这俩花子,天天要了来的还供奉我们,为甚么不叫他们发点财?"财神爷说:"你是不知道,他们没有造化,若是给他们钱,一定害了他们了。"财神奶々说:"我不信,您试一试。"财神爷说:"就是那么着。"赶到第二天,在香炉里埋上了一个元宝。赶那俩花子回来一烧香,看那香炉里很硬,刨出来一看,敢请(情)有个元宝!就喜欢的了不得。这个和那个说:"咱们打一点儿酒喝吧!"一个花子看家,一个花子去打酒。那个打酒去的花子想着:若把酒下上毒,药死他,那个元宝不是我一个人的了么?那个看家的花子想着:找了一根犬(大)棍子,藏在门后,等他来了,打死他,那个元宝不是我一个人的了么?赶那个打酒的花子回来,一进门,就拿一根[棍][24]子,就把他打死了。把酒各自各儿喝了。不大的工夫儿,毒气一发,也死了。这个工夫儿,财神爷对财神奶奶说:"您看如何?"

笔者之一年轻时自学英语,用过英国 Longman 公司出版的 *Essential English*,内容幽默风趣,还经常用 *Punch*[25] 杂志上的漫画作插图,真是有趣极了,至今印象深刻。可见中外的教育家都懂得教材要编得生动有趣,让学生喜爱。

五　启示

鲁健骥(1998)对《老》《朴》评价很高,我们认为并不过分:

我们从对外汉语教学的角度审视《老·朴》,感到这两本书编得简直精彩极了,不管从实用上说,还是从语言功能、文化上说,都达到了相当高的水平。……《老·朴》作为历史上的对外汉语教材,是值得大书特书的。在500多年前,就能编出这样高水平的教材，是很了不起的。

为了让学生成为“中国通”[26]，创造性地采用前无古人的会话体，把纯正地道的汉语和各种相关知识通过有趣的方式教给学生，这样的编纂理念和做法，成就了《老》《朴》这两部不朽的教科书，其中是有经验值得今天借鉴的。

我们认为《老》《朴》的魅力在于它的“原始性”：语言和内容都是“原生态”的，即忠实于生活，语言地道，知识准确，纯朴自然，不事雕饰。说到底还是编者秉持“务实”的理念，不脱离实际，不扭曲事实。吴淮南(1995)说得很中肯：

> 《朴通事》就比我们的一些教材开放。比如某些消极的东西，如果是外国人在华生活中也常常遇到的，为什么不适当有一些？在许多教材中，买东西都是买卖公平客气，彬彬有礼。实际上留学生上街购物也常有不愉快的遭遇。你去买一本书，营业员站在远处不过来，你指一本书，他生硬地要你报书名。日本学生说，有的书名我看到了，明白，但有时一下子说不出汉语，看营业员这样，自己生气还不知说什么，只好转身不买了。在小摊小贩处购物，有时还会受到欺骗(中国人也一样)。这一类的场景在教材中出现一些，教学生怎样应付这种遭遇，如何讨价还价，作为礼貌待客、公平买卖场景的补充，看来并无什么坏处，也许还会提高教材的实用性和趣味性，只要编得好。

《老》《朴》成功的背后有三个秘诀：观念，学识，文笔。作者采取的是一种朴素的自然主义的观念，生活是什么样子、语言是什么样子，就按照它们本来的样子写出来，不自作聪明地加以修饰“提高”。要做到这一点，除了观念，还需要学识，《老》《朴》的作者看来都是精通生活各个方面的“万宝全书”，样样在行，真不容易。有了各方面的知识，还需要有好的文笔把它表达出来，《老》《朴》的文笔达到了很高的境界，最大的优点就是自然流畅。《老》基本上都是白描，用朴实简练的笔触勾画出一幅幅风俗画；《朴》则除了白描外，还富有文采，像其中描写西湖[27]和禅顶山的写景文字，就很有文学性，词汇也很丰富。试举“禅顶山”一段：

> 咱闷当不的，一个日头咱商(商)量着，游山玩景去来。
>
> 好，好！我也那般想着。如今更秋凉，丹枫八月好时节，正好山中之味。
>
> 咱那个山里去好？
>
> 这离城三十里来地，有个名山，唤禅顶山，真个奇妙！那山景致，尖尖险险的山，湾湾曲曲的路，松、柏、桧、栗诸杂树木上，缠着乞留曲葎藤。有累累垂垂石，有高高下下坡，有重重叠叠奇峰，有深深浅浅涧，有一簇两簇人家，有凹坡凸岭庵堂，有睍睍睆睆的山禽声，有崔崔巍巍栈道。崖高道窄，只是这个愁人肠。栗子、葡萄满山峪，

远望一似黑水精。五色彩云笼罩，山顶上有一小池，满池荷花香喷喷。僧尼道俗都随喜去，咱也柱（拄）着柱（拄）杖，沿山沿峪随喜那景致去来。

只是平平斜斜石径难行。

碍甚么事！常言道："逢山开路，遇水迭桥。"

又如一段描写"渔翁之味"的文字：

秀才哥，咱们打鱼儿去来。

我不去。

如何不去？你这般金榜挂名的书生，那里想我这渔翁之味！我弃了这名利家筵，将一叶小渔艇，装载这酒、琴、渔网，弹一曲流水高山，挽我这锦心绣腹，潜入这水国鱼邦，披着这箬笠蓑衣，一任交斜风细雨，我援琴一张、酒一壶，自饮自歌。对着这水声山色，淡烟闲居，两岸青蒲，红蓼滩边，缆船下网；或撑开入这荷国花城，忽生得清歌细舞之心。寻着这芦苇密处，岩头石崖，慢慢的将钓儿垂下水里去时，银丝钩破波纹，蹶眼钓出个老大的金色鲤鱼。渔翁之味万无迭，也不想李白摸月，也不学屈原投江，便是小太公，也不愿遇文王，我待学范蠡归湖。

罗锦堂（1978）称赞它"既似读《桃花源记》，又像读欧阳修的《醉翁亭记》，令人尘虑尽消，精神为之一振"。据金文京（2014）研究，这段文字当是把王实甫《丽春堂》第三折的一支曲文改成散文的，"蹈袭之痕明显"。可见编者采撷之广。

说到《老》《朴》的成功秘诀，我们自然很想知道，编者究竟是什么人呢？很遗憾，这两只"下蛋的母鸡"看来是找不到了。虽然学者们为考证编者做了很多努力，但是迄今没有发现确凿的材料，只能作各种推测，意见相当分歧。[28]从内容和语言看，我们觉得有两点是可以肯定的：第一，编者一定是精通汉语和中国社会且深谙教学之道的文人，同时对朝鲜半岛的各个方面也相当熟悉，但不大可能是高丽人[29]；第二，大概不会是什么有名的文人学士[30]，但也不是学识浅陋、抱残守缺的腐儒。由此推测，有可能是熟悉市井和乡村生活的民间落第秀才，《朴》中的下面这段描述或许透露出作者的信息：

我要你庄头里去。

不得工夫，去不得。

你每日做甚么？

我每日才听明钟一声响，便上马跟官人，直到点灯时分恰下马，几时得些闲？

说的是。你一般争名夺利的官人，每日马肚皮尘埋三尺，睁着驴眼，跟着假使长，钻在争前立的，夹着那屁眼，东走西走，不得撚指歇息。一望成名，那里肯来我一般村庄人家！我在村里，稻熟蟹肥鱼正美，满山果子以为食，堂上挂佛端然坐，亦看

> 楼外满池荷花。你自说村庄无人来访，我每日临池楼上，开呈村味，对客饮酒吟诗句，着棋论谈能消日，月明纱窗秋夜半，抚琴一操解千愁。若你也到我楼上，一发忘弃名与利。

这不免给人一种“夫子自道”的遐想。当然，这种文字也完全可能所来有自（如同上面“渔翁之味”一段），未必是编者自己的创作。

大道至简。《老》《朴》的成功之道其实并不复杂：认清目标，求真务实，调动各种因素，把教材编得学生爱读又能学到管用的语言和知识。这样的理念只要有实事求是之心就不难想到，并不需要什么高深的理论。[31]但是从某种意义上说，《老》《朴》却是不可复制的，因为只有那个时代才可能产生这样的原生态教材，有些东西今天是无法模仿的。比如像《朴》里的下面这段对话，今天的教材中有可能出现吗？

> 姐姐，我看上你，饭也好生吃不得。常言道：“男儿无妇财无主，妇人无夫身无主。”怎刬划我这一场愁？
>
> 咳，你说甚么话！我夫主知道时了不得！再来休说这般不晓事的话。
>
> 咳，姐姐，我不想你这般烦恼。不妨事。古人道：“隔帘听笑语，灯下看佳人。”
>
> 气杀我也！
>
> 姐姐，你再寻思我这秋月纱窗一片心。只灭了我这心头火，强如良药治病。
>
> 怕没治病的心那？只怕同房人搅撒了，又怕窗孔里偷眼儿看。
>
> 那的有法度。推出后去的一般出来时，怕甚么？
>
> 你且休忙休心焦。“有缘千里能相会，无缘对面不相逢。”两心相照亦不难。

《朴》内容之广泛，观念之开放，由此可见一斑。《朴》中当然不全是这样的内容，但是缺了这样的内容，就不成其为《朴》了。作者为什么要把这样的内容编进教材？只要不是简单化地给它贴一个“消极”的标签就一棍子打死，还是值得我们认真想一想的。其实这段对话编得并不完美，“姐姐”的态度转变太突然，不合逻辑，但是没有关系，编者的目的大概就是为了要把一系列熟语和词汇教给学生：“男儿无妇财无主，妇人无夫身无主。”“隔帘听笑语，灯下看佳人。”“有缘千里能相会，无缘对面不相逢。”还有“秋月纱窗一片心”“两心相照亦不难”“刬划”“搅撒”“出后（上厕所）”等；同时也告诉学生，生活中有这等事。

注 释

① 《李朝实录·世宗实录》卷九十三（二十三年八月十一日乙亥）：“然学徒所读，不过《老乞大》、《朴通事》、前后汉等书而已。且其书所载，率皆俚近俗语，学者患之。判三司事偰长寿乃以华语解释《小

学》,名曰直解,以传诸后。"

② 参看朴京淑(2000,14)。

③ 参看岳辉(2008,35)等。

④ 岳辉(2008,21)指出:在《朝鲜王朝实录》中,《老乞大》被提及25次,《朴通事》24次,而《训世评话》只有2次。由此也可看出《老》《朴》的重要性。

⑤ 吴淮南(1995),程相文(2001),朴戊昌(2002),王庆云(2003),郑光(2004),于涛(2004),关辛秋(2004),黄明明(2004),鲁宝元(2004、2005。按:两文内容相同,实为一篇),柳岳梅、刘继红(2007),马雪琴(2011),周丹(2014),樊瑞凯(2015),翟航航(2015),王治理、周丹(2016),马凌燕(2016),白星晶(2018),李可、邢永革(2018)等。

⑥ 现今存世的《朴通事》当推崔世珍的《翻译朴通事》(上,1517年)为最早(只存上卷,缺中、下卷)。《朴通事谚解》虽是李朝显宗时期边暹、朴世华等人对《翻译朴通事》所作的修订(1677年),但是汉文部分除少数文字有差异外,内容跟《翻译朴通事》基本一致,由于《翻译朴通事》已经不全,所以我们采用《谚解》本。

⑦ 详细的介绍可参看汪维辉(2005a)解题部分。

⑧ 郑光、南权熙、梁伍镇(2002,31)说:"我们推断《原老》基本接近原版本,并反映元代时期的汉语口语。"

⑨ 关辛秋(2004)说:"一般认为,《老乞大》编写之初是身份较低的下层人士的自发行为。由民间流行的学汉语册子踏入宫中学府,成为官方的第二语言教材,一方面是因为《老乞大》编得好,编得实用;另一方面更要归功于司译院的慧眼识珠以及该院一代代学仁(*sic*)孜孜不倦的努力。"

⑩ 岳辉(2008,193—201)所列举的涉及《老》《朴》的各种所谓"非常规汉语"用法,在我们看来都是当时"汉儿言语"的规范表达,并非"受母语负迁移"而产生的误用。篇幅所限,本文对此不能详论。

⑪《李朝实录·世宗实录》卷六十三(十六年二月六日甲寅)谈到李边勤学汉语:"期于成效,彻夜讲读,闻有能汉语者,则必寻访质正。"《李朝实录·成宗实录》卷一百四十七(十三年十月二十九日甲午)也记载:"……世宗朝,如金何、李边,赴京畿三十余度,故皆能汉语。"可见李边是有条件向汉人"质正"他所编的教材的。

⑫ 详细的论述可参看汪维辉(2003)。

⑬ 下划线为本文所加。下同。

⑭ 古屋昭弘(2008)指出,《朴通事谚解》的文体跟《老乞大谚解》大体上相同,但多一些文白混合体和文言。

⑮ 参看金文京(2021)。

⑯ 金文京教授函告:"此文与《西游记》世德堂本第八回赞美观音的韵文有类似之处,恐怕不是作者创作。"谨致谢忱。

⑰ 详细的讨论可参看汪维辉(2015)。

⑱ 一般认为,《老》《朴》最初编成于元代后期,即1346—1368年期间。参看朱德熙(1999/1958)等。金文京(2014)根据第七十三话中的"今日腊月二十五日"和"今日是乙丑日斗星日"两句话推断,这一年

应该是1388年(明洪武二十一年),与高丽灭亡的1392年仅隔4年。“此一推测倘不误,则《朴通事》之被利用为汉语课本,也很可能是入朝鲜以后的事。”这个看法慧眼独具,值得重视。不过从《朴》的内容看,最初编成于元代的可能性更大。

⑲ 参看陈高华(1982,43—44)。

⑳ 1584年左右,耶稣会传教士利玛窦(Matteo Ricci)和罗明坚(Michele Ruggieri)在广东肇庆编了短短几页的会话课本《宾主问答》(现存罗马耶稣会档案馆),也是采用会话体。(古屋昭弘 2008)他们可能未必看到过《老》《朴》。

㉑ 可参看汪维辉(2005a)和汪维辉等(2011)。唯一不同的是李边所编的《训世评话》,它采用文白对照的故事体,在口语教科书中独树一帜。不过此书在朝鲜半岛的汉语教育史上似乎并未发挥过太大的作用,跟《老》《朴》不可同日而语。

㉒ 为省篇幅,只录白话翻译,文言原文略去。

㉓ 原文只用“、”号大致断句,本文移录时重新加了标点。

㉔ “棍”字原脱,据文意补。

㉕ 中文译作《笨拙》,既贴切又谐音,堪称妙译。

㉖ 有一种解释认为“老乞大”的意思就相当于“中国通”,那么这个书名就很好地表达了编著的目的。

㉗ 指北京玉泉山下的西湖,非杭州西湖。

㉘ 参看朴京淑(2000,17)。

㉙ 鲁健骥(1998)说:“吴葆棠教授最近在一篇文章中指出,这两本书最早流行于我国辽东,后来才传到朝鲜,由朝鲜的学者作成‘谚解’。这就是说,这两本书是中国人所编无疑。”

㉚ 《朴》中有一段关于“字样”的对话,提到14个字的写法,其中有好几个是不规范的,大概是当时民间的俗写,如:“逢”是“‘久’字底下‘手’字,着走之的便是”,“劉”是“‘文’字旁着‘刀’字的便是”(就是今天的简化字“刘”),“滿”是“点水旁做草头底下‘雨’字”,“麼”是“‘二’字下一个‘丿’,里头一个‘林’字,做‘么’字便是”。这是贻笑大方的。

㉛ 根据学者们的研究,《老》《朴》是符合真实性、科学性、广泛性、趣味性、实用性等今天对教科书的基本要求的。

参考文献

白星晶(2018)谈《老乞大》和《朴通事》在朝鲜汉语教育史上权威地位的形成,《吉林省教育学院学报》第9期,154—157页。

陈高华(1982)《元大都》,北京出版社。

陈高华(2002)旧本《老乞大》书后,《中国史研究》第1期,123—130页。

陈高华(2008)元朝与高丽的文化交流,《韩国研究论丛》第2期,339—349页。

陈　辽(2004)《朴通事》:元明两代中国文化的百科全书,《中华文化论坛》第2期,76—81页。

程相文(2001)《老乞大》和《朴通事》在汉语第二语言教学发展史上的地位,《汉语学习》第2期,55—62页。

丁邦新(1978)《老乞大谚解·朴通事谚解》序,《老乞大谚解·朴通事谚解》,台北联经出版事业公司。
樊瑞凯(2015)《〈朴通事谚解〉文化因素探析及对现代对外汉语教材的启示》,厦门大学硕士学位论文。
高　乐(2015)多民族文化交融背景下的《老乞大》语言研究,《文化学刊》第3期,204—205页。
葛平平(2018)东亚域外汉语教科书文献考述及比较——以14世纪末至20世纪初的朝鲜和日本为例,《沈阳大学学报(社会科学版)》第3期,322—327页。
古屋昭弘(2001)批评と紹介:李氏朝鲜訳学研究の高まり——郑光·尹世英共编《司訳院訳学书册版研究》、郑光编著《清语老乞大新积》、郑光主编《原刊老乞大研究》,《东洋学报》83卷1号,东洋文库。
古屋昭弘(2008)《老乞大》与《宾主问答》,《韩汉语言研究》(远藤光晓、严翼相编),101—109页,韩国学古房。
关辛秋(2004)元以来一部多个语种版本的第二语言教材——三种文本《老乞大》教材编写特点分析,《汉语学习》第3期,50—55页。
韩容洙(2002)古代韩半岛汉语教学回顾,《汉语学习》第1期,65—67页。
胡明扬(2002)原本老乞大序,《原本老乞大》(郑光主编),卷首,外语教学与研究出版社。
黄明明(2004)600多年前的对外汉语教学观——《老乞大》《朴通事》的编写特点及其理论价值,《无锡教育学院学报》第4期,44—47页。
蒋绍愚(2005)《朝鲜时代汉语教科书丛刊》序,《朝鲜时代汉语教科书丛刊》(全四册)(汪维辉编),卷首,中华书局。
金基石(2005)韩国李朝时期的汉语教育及其特点,《汉语学习》第5期,73—80页。
金文京(2005)汉儿言语考,《韩国的中国语言学资料研究》(严翼相、远藤光晓编),83—90页,韩国学古房。
金文京(2014)朴通事二则——成书年代及与元曲的关系,国际译学书学会第6次国际学术会议,2014.03.15,北京大学。
金文京(2015)元朝统治下高丽人的民族情思——以汉语课本《朴通事》为考察对象,国际译学书学会第七次国际学术会议,韩国首尔成均馆大学。
金文京(2021)《朴通事》的时代背景——以第27话为例,未刊稿。
金文京、玄幸子、佐藤晴彦译注,郑光解说(2002)『「老乞大」——朝鲜中世の中国語会話読本』,日本平凡社。
李得春(2003)朝鲜王朝的汉语研究及其主要成果,《民族语文》第6期,35—38页。
李得春、崔贞爱(2008)《老乞大》、《朴通事》及其谚解本在朝鲜王朝华语教育中的贡献,《延边大学学报(社会科学版)》第2期,34—38页。
李　可、邢永革(2018)从《原本老乞大》《朴通事谚解》看朝鲜时代的汉语教学情况,《文学教育》第6期,166—168页。
李　龙(2013)《论明清时期朝鲜李朝的汉语教学》,曲阜师范大学硕士学位论文。
李无未、张　辉(2014)朝鲜朝汉语官话质正制度考论——以《朝鲜王朝实录》为依据,《古汉语研究》第1期,2—15页。

梁伍镇(2005)试论《老乞大》·《朴通事》的文化史价值,《韩国的中国语言学资料研究》(严翼相、远藤光晓编),91—128页,韩国学古房。
刘春兰(2010)朝鲜时代汉语教科书研究评述,《国际汉语教育》第3期,76—85页。
刘春兰(2011)朝鲜时代汉语教科书研究综述,《汉语学习》第2期,98—105页。
刘　坚(1992)《训世评话》中所见明代前期汉语的一些特点,《中国语文》第4期,287—294页。
柳岳梅、刘继红(2007)论《老乞大》的商务汉语教学特征,《云南师范大学学报(对外汉语教学与研究版)》第5期,41—46页。
鲁宝元(2004)从汉语作为第二语言在朝鲜半岛教学的历史看《老乞大》的地位、性质和特点,《国外汉语教学动态》第1期,10—15页。
鲁宝元(2005)从朝鲜半岛汉语教学的历史看《老乞大》的价值,《海外华文教育》第1期,1—7页。
鲁健骥(1998)谈对外汉语教学历史的研究,《语言文字应用》第4期,30—35页。
罗锦堂(1978)《老乞大谚解·朴通事谚解》序,《老乞大谚解·朴通事谚解》,台北联经出版事业公司。
吕叔湘(1992/1944)文言和白话,《吕叔湘文集》第四卷《语文散论》,67—85页,商务印书馆。/《国文杂志》第1期,3—12页。
马凌燕(2016)《〈老乞大〉中的对外汉语教学思想对当代韩国汉语口语教学的启示》,陕西师范大学硕士学位论文。
马雪琴(2011)《作为汉语口语教材的〈朴通事谚解〉特点探究》,陕西师范大学硕士学位论文。
朴京淑(2000)《试论韩国朝鲜时代的汉语教学》,北京语言文化大学硕士学位论文。
朴戊昌(2002)《〈老乞大〉、〈朴通事〉作为外语教材的熟语、修辞特点》,天津师范大学硕士学位论文。
朴在渊、金雅瑛(2009)《汉语会话书——1910—30年代旧活字本9种》,韩国学古房。
史有为(2021)在现实与理念之下——在日汉语教学反思,《汉语教学学刊》第1辑,1—19页。
太田辰夫(1991)《汉语史通考》(江蓝生、白维国译),重庆出版社。
汪维辉(2002)朝鲜时代汉语教科书与近代汉语研究,《人文科学(延世大学)》第八十四辑。
汪维辉(2003)关于《训世评话》文本的若干问题,《语言研究》第4期,55—61页。
汪维辉(2005a)《朝鲜时代汉语教科书丛刊》(全四册),中华书局。
汪维辉(2005b)《老乞大》诸版本所反映的基本词历时更替,《中国语文》第6期,545—556页。
汪维辉(2006)《朴通事》的成书年代及相关问题,《中国语文》第3期,266—267页。
汪维辉(2011)《老乞大谚解》《朴通事谚解》与《训世评话》的词汇差异,《语言研究》第2期,18—25页。
汪维辉(2015)《重刊老乞大》对《老乞大新释》的修改及其原因,《语文研究》第2期,35—43页。
汪维辉(2018)近代官话词汇系统的形成——以《训世评话》与《老乞大》《朴通事》的比较为出发点,《南开语言学刊》第1期,2—18页。
汪维辉、远藤光晓、朴在渊、竹越孝(2011)《朝鲜时代汉语教科书丛刊续编》(全两册),中华书局。
王　芹(2011)《朝鲜李朝时期的汉语口语教学研究》,苏州大学硕士学位论文。
王庆云(2003)古代朝鲜、琉球汉语教学及教材研究引论——以《老乞大》、《朴通事》、《白姓官话》为例,《云南师范大学学报(对外汉语教学与研究版)》第5期,48—50页。

王治理、周　丹(2016)对外汉语教材评估视角下的《原本老乞大》,《海外华文教育》第6期,828—836页。

乌云高娃(2008)朝鲜司译院"汉学"与《老乞大》,《韩汉语言研究》(远藤光晓、严翼相编),35—50页,韩国学古房。

吴淮南(1995)作为外语的汉语口语教材《朴通事》和《朴通事谚解》,《南京大学学报(哲学・人文・社会科学)》第4期,126—131页。

姚美玲(2011)《朴通事谚解》中的元明口语与民俗,《西北民族研究》第4期,162—167页。

于　涛(2004)解读古代汉语口语课本——《老乞大》,《云南师范大学学报(对外汉语教学与研究版)》第5期,26—29页。

袁　环(2017)《〈老乞大〉与〈商务汉语一本通(汉韩版)〉比较研究》,四川外国语大学硕士学位论文。

岳　辉(2008)《朝鲜时代汉语官话教科书研究》,吉林大学博士学位论文。

岳　辉(2011a)朝鲜初期汉语官话教科书内容研究,《社会科学战线》第4期,259—261页。

岳　辉(2011b)朝鲜时期汉语官话教科书体例和内容的嬗变研究,《社会科学》第10期,158—165页。

翟航航(2015)《〈老乞大谚解〉和〈朴通事谚解〉话题选择与编写对比分析》,中山大学硕士学位论文。

张　辉(2014)古朝鲜汉语教科书《老乞大》口语会话课本文体来源探析,《昆明学院学报》第4期,106—108页。

张文娟(2007)《论对外汉语教材中民俗文化的选用》,西南大学硕士学位论文。

张西平主编(2009)《世界汉语教育史》,商务印书馆。

张亚军(1989)历史上的对外汉语教学,《语言教学与研究》第3期,77—95页。

郑丞惠(2011)老乞大・朴通事の学堂風景を通して見た麗末鮮初の漢語教育と元代の童蒙教育,《开篇》30卷,104—121页,日本好文出版。

郑　光主编(2002)《原本老乞大》,外语教学与研究出版社。

郑　光(2004)朝鲜时代的汉语教育与教材——以《老乞大》为例,《国外汉语教学动态》第1期,2—9页。

郑　光、南权熙、梁伍镇(2002)《原本老乞大》解题,《原本老乞大》(郑光主编),卷首,外语教学与研究出版社。

周　丹(2014)《〈原本老乞大〉对当下汉语教材编纂的借鉴》,厦门大学硕士学位论文。

朱德熙(1999/1958)《老乞大谚解》《朴通事谚解》书后,《朱德熙文集》第3卷,262—275页,商务印书馆。/《北京大学学报(人文科学)》第2期,69—75页。

朱德熙(1993)《老乞大谚解》《朴通事谚解》汉文本序,《语文研究》第1期,1—1页。

作者简介

汪维辉,浙江大学汉语史研究中心教授,博士生导师,研究方向为汉语词汇史和训诂学。Email:wangweihui@zju.edu.cn。

邵珠君,浙江大学文学院博士,现就职于上海辞书出版社,研究方向为汉语词汇史和训诂学。Email:shaozhujun@zju.edu.cn。

《汉语札记》(节选)*

李　真(译)

北京外国语大学国际中国文化研究院

提　要　清康熙年间来华的法国耶稣会士马若瑟是 18 世纪欧洲著名的传教士汉学家,也是近代西方汉语研究的开创者之一。他的代表作《汉语札记》是世界上首部同时探讨汉语白话和文言的语法书,在西方汉学史和世界汉语教育史上具有非常重要的地位。该书 1728 年完稿,1831 年出版拉丁文本,1847 年出版英译本。本篇译文节选自《汉语札记》1847 年英译本绪论部分。

关键词　法国来华耶稣会士　马若瑟　《汉语札记》

译者按

清康熙年间来华的法国耶稣会士马若瑟(Joseph de Prémare, 1666—1736),中文名"馬龍出",笔名"温谷子"。他的汉语研究代表作《汉语札记》(*Notitia Linguae Sinicae*)是西方汉语研究史上第一部同时介绍白话和文言的语法著作,首次尝试突破拉丁文法的范式来描写汉语语法,对欧洲汉学史和世界汉语教育史都产生了深刻影响。书中引用的中文例句一万两千余条,印刷的汉字超过五万个。从其规模而言,堪称早期西洋研究汉语语法的一部巨著。这部书在世界上首次将汉语白话与文言语法纳入研究视野,同时汇编了音韵、文字、词汇、民间俗谚、文学作品介绍等多种内容,收录了含 1445 个音节的汉语语音总表和含 240 个反义字的字表,从内容来看称得上是当时西方人有关中国语言及文学的知识大全。

马若瑟于 1666 年出生在法国诺曼底科唐坦半岛北端的小城瑟堡。1683 年加入耶稣会,1693 年至 1696 年在弗莱彻学院(Collège de la Flèche)学习神学。1698 年,马若瑟与另外七人随同耶稣会士白晋(Joachim Bouvet, 1656—1730)搭乘安斐特里特号(L'Amphitrite)启程前往中国。从此在华三十余年,辗转江西、北京、广州、澳门等地,于

---

* 本文系教育部中外语言交流合作中心国际中文教育重点项目"近代域外汉语教学文献整理与研究"阶段性成果。

1736年在澳门耶稣会学院病逝。

马若瑟一生致力于研究中国的语言与文字，著作等身，主要集中在五个方面。第一类，传教文献。他撰写了不少有关天主教教义的小册子，如《圣母净配圣若瑟传》《信经真解》《圣若瑟演述》等。第二类，中国文学译介作品。其中最重要者为元杂剧《赵氏孤儿》的法译本，这是中国戏曲第一次被翻译介绍到欧洲。马若瑟的译本后来收于杜赫德的《中华帝国全志》，伏尔泰以此本为基础，创作了《中国孤儿》，在法国上演后引起巨大的轰动，成为中法文学交流史上的一段佳话。第三类，索隐学论著，如《六书实义》《易经理解》《经传议论》《中国古籍中之基督教主要教条之遗迹》等。第四类，汉文文学著述。马若瑟1709年所撰写的《梦美土记》不仅是天主教首部小说，也首开基督教在华布道小说的先河，被认为是中国小说史上第一部中西合璧之作。[①] 1729年创作的《儒交信》以章回体小说的形式宣传基督教教义。该书是目前已知第一部采用中国古典小说形式来介绍基督教思想的传教士作品。（张西平 2009）第五类，汉语语法研究作品。马若瑟以三十余年研究中国语言的心得，撰写了《汉语札记》（*Notitia Linguae Sinicae*）一书，成为第一部系统研究汉语官话口语和书面语的论著，被誉为"19世纪以前欧洲最完美的汉语语法书"（戴密微 1998）。

《汉语札记》[②]的初稿拉丁文书名为 *Notitia Linguae Sinicae*。全书以汉语官话为研究对象，白话部分介绍口语和通俗文体（De lingua vulgari et familiari stylo），文言部分介绍书面语和高雅文体（De sinica oratione in nobiliori librorum）。基本结构共分三卷：绪论、第一编、第二编。

绪论部分总论汉语的总体特征和语言要素，介绍了中文典籍，汉语学习的方法，中文字典，汉字构造、性质及音韵。绪论共分三章，第一章概述中国古代经典的基本情况及其分级，并辅以代表著作和作家；第二章介绍汉字及音韵的基本知识；第三章附录了一份"汉语音节总表"[③]。

第一编首先论述口语的语法原则和体例，接着重点分析了白话虚词。马若瑟把虚词分为两大部分，第一部分包括那些用途广泛、含义复杂、使用频率较高，经常分属两种或两种以上词类的兼类词，如"得""把""一""敢"等16个；第二部分是完全意义上的虚词，根据虚词的不同功能，分为否定、程度加深、限定、句首、句尾共五类，讨论了41个虚词的用法。接着又介绍了35个常用白话虚词的详细用法，如"也""又""就""却""着"等。在第一编的最后部分，他还列举了165条通俗文体的修辞法及民间俗谚，另外专有一章介绍了"中国的礼仪"（石田干之助 1941，109）。

第二编主要介绍书面语和高雅文体。首先论述文言词法、句法，接着继续探讨了18个代表性的文言虚词用法，如"之""者""也""与"等，引用了400多段例句；同时又按功能将文言虚词分类讨论,有时间类、加强语气类、疑问类和句尾类,以及虚词与虚词结合使用的情况。其次以汉语的修辞法为探讨重点,目的在于指导西方人如何用中文写作,着重分析了汉语不同文体的风格,以及七种书面语的修辞法,并辅以大量从先秦散文和历代典籍中摘录的精彩例文。最后列举一、二、三、四字句法和典实,辑录了400多条例句。

1728年上半年,马若瑟在广州完成写作后,将五卷本手稿寄给故国学者、法国金石与美文学院院士傅尔蒙(Étienne Fourmont, 1683—1745),想请他代为帮助在法国出版;然而,傅尔蒙当时正准备出版自己的语法《汉语论稿》(*Meditationes Sinicae*, 1737),收到这部作品后发现《汉语札记》无论是从规模上还是内容上都远胜于己,出于嫉妒,他将手稿扣留在王室图书馆。由于傅尔蒙的行为,《汉语札记》书稿在图书馆中沉睡了差不多一个世纪,直到法国汉学家雷慕沙(Jean Pierre Abel Rémusat, 1788—1832)于19世纪初在图书馆东方手稿部找到该手稿,后在《汉文启蒙》(*Élements de la Grammaire Chinoise*, 1822)序言中对其进行了郑重介绍。此事由雷慕沙揭露,真相始白(石田干之助1941)。1831年,英国金斯博鲁勋爵(Lord Kingsborough, 1795—1837)出资,赞助新教入华第一人马礼逊(Robert Morrison, 1782—1834)出版该书,马礼逊委托了雷慕沙的学生儒莲(Stanislas Julien, 1797—1873)誊写其师制作的抄本,之后寄往马六甲英华书院,以此为底本正式在远东出版《汉语札记》拉丁文本。此时距离马若瑟真诚地将自己的手稿寄给傅尔蒙已经过去了100多年,他呕心沥血写就的这部汉语语法著作晚了整整一个世纪出版,但最终还是得以问世,并对近代西方人的汉语学习与研究都产生了深远的影响。

1831年初版《汉语札记》拉丁文本正文有262页,附有26页的索引[④]。1847年,由美国新教传教士裨雅各(James Grader Bridgeman, 1820—1850)[⑤]将该书译成英文,略有删改,在广州由《中国丛报》社出版。英译本正文有323页,另附4页的简要索引[⑥]。

雷慕沙评价《汉语札记》是马若瑟著述中最重要而应当引起注意的作品,也是欧洲人所撰写的此类著述中的最佳者。(费赖之1995)中西交通史研究专家方豪也对此书大加赞誉,称其为"西人对我国语文的性质与构造所作第一部专著"(方豪1988,296),当得起"为西人研究我国文字学之鼻祖"(方豪1987,963)。

本篇译文节选自《汉语札记》1847年英译本绪论部分,同时参考了1831年拉丁文本,这是该书提纲挈领的开篇,对于了解马若瑟的汉语研究思路和个人研习心得颇有帮助,特此译出,以飨读者。

译文

《汉语札记》

绪论

在这些章节里,我们概述的是中国的书籍和文字。

第一章 论中国典籍

这一章包括三个部分。首先,中国的典籍将会被分门别类,这样可以对汉字有一个粗略的印象;其次,将主要介绍阅读这些典籍的最好办法;最后,是对一些字典的评论和看法。

第一节 中国典籍概况

根据作品的年代、作品的可信度以及写作风格的不同,中国的典籍可以分为许多不同的类别。

1.在这一类里,中国人普遍地把那些远古的书籍称为"经"。"经"在中国文学里占有首要位置,它包括三本书:《易经》《诗经》和《书经》。

2.第二类由于受到中国学者的重视,被称为"经典",也就是通常所说的"四书"。它们是《中庸》《大学》《论语》和《孟子》。除此之外,还可以加上《春秋》和《礼记》。

3.在这一类里主要是《道德经》《南华经》《仪礼》《周礼》及《山海经》。

4.可以归入这一类的有《楚辞》《关尹子》《列子》《荀子》《杨子》和《孟子》。孟子被现在的中国学者大加推崇,并和孔夫子摆到了几乎同样高的位置。

5.我们可以把《左氏》《公羊》《穀梁》这三本解释《春秋》的书归于这一类。左丘明还留下了另一本书《国语》。此外,还可以加上吕不韦、淮南子、司马迁、许慎(字典《说文》的作者),以及郑樵等人的书,他们的书都涉及了远古时代的事件。

6.这一类包括很多著名作家和典籍评论家的作品,如韩愈、"三苏"、王安石、曾南丰、欧阳修等的作品。

7.这一类里,我们把经学家的作品包括了进来。从古至今,在这一领域杰出的代表人物有"二孔"、王肃、毛苌、郑玄、王弼。宋以后,更是人才辈出。其中,集大成者当推朱熹。在距今稍近的作品中,我们不能不首先提到盛世明君康熙皇帝和集注《日讲》,此外,特别是他在统治后期刊行了一本《周易折中》。

8.这一类包括很多近代老师的作品,他们的箴言收录在《性理大全》一书中。代表人物首推周濂溪,其次是程子、张载、朱熹和邵康节。

9. 在这一类里,我们列举的是史学家的作品。把他们放到最后一类,并非因为他们不是好作家,而是了解他们所记述的那些史实似乎并不是那么重要。在我看来,其他的一些作品具有更重要的影响。

考虑到以上提及的书籍都是以中国人所熟知的语言和形式成书,在本书的第一部分将会对此进行一些阐述。在第二部分我将会举出很多风格各异的写作体例,它们不仅仅是在“经”中常用的,而且在上面所提到的作家作品中也屡见不鲜。这些作品论辩有力,文辞隽永,是千古流传的美文。

第二节 阅读典籍的次序

本书作者马若瑟所采用的,并且也是他自己认为较好的一种读书方法是:

当我开始中文学习时,我得到的是“四书”的白文本⑦。这一版本书写正确,并且没有写在适合中国毛笔的吸墨纸上,而是采用质量上乘的纸张,较适合欧洲的鹅毛笔。我把全部写本分行誊写,写一页,空一页,使每一页都很清楚;然后再把这些篇章装订成一册完整的书;接着,我求教于翻译,开始仔细地查阅写本。

我在上面提到的空白页上记下读书笔记,在做笔记过程中,我一直牢记三个原则:(1)收集反复出现的佳句,以便更好地加深对原文的理解,以及培养对高雅文体的鉴赏;(2)用同样的方式来考察这些段落,可以看到经学家们的显著特点是翻译文雅;同时考虑到中国语言的特征,体现在他们身上的另一特点就是晦涩;此外,他们之间还常有一些无意义的小争论;(3)一定要注意那些被修订过的文句,以便在日后就这些问题与中国文人交流。在每一个确定的字旁边,我都写下它的准确读音和意义。我现在有些后悔当初没有标注声调和送气音,其实这是很容易完成的。

任何人只要发现我从这一学习方法中所获得的特别的益处,一定也会愿意遵循我所采用的方法。如果在每一本书后加上按字母排序的索引,那么即使是零散地分布在一本书中各个角落的细枝末节,都可以毫不困难地加以借用和参考。

我很认真地建议那些有心学习中文的人士,应当从一开始就准备一些空白的本子:一是用来记录读书过程中所碰到的许多隐喻;二是记录反义字,把它们写在相对的两行中加以比较;三是记录那些古代独特的事物的名称;四是用来记录有名的地区、树木、花草、动物和石头的名字,因为这些名词对修饰文章有很大的作用。

此外,更为重要的一点,我愿意提醒新来的传教士要引起足够的重视。我想及时给他们一些曾被我所忽略的忠告,那就是他们应该尽最大的努力学习中国的“四书”,就像中国的孩童从小就用心学习那样。

我们必须使自己焕发青春的活力，向这里的人们宣讲耶稣基督的教义，使他们从中受益。也许有人会问，是不是这种信仰就会减轻繁重的工作？我将会就这一问题做一些必要的阐述，也许这可以激发我最亲爱教友们的热忱。

学习汉语的方法：

1. 在熟记每本书内容的同时，一定要能准确发好每一个单词的读音。每个人要像小学生一样，仔细聆听他的汉语老师的发音。如果不直接通过耳朵来训练，是不会得到任何有关读音和声调的印象的。

2. 除了要熟记单词之外，还要注意每个字的字形和字义。例如，当我们读到（sin）“信”字时，反映在脑海里的不仅仅是它作为“美德”的这个含义，而且还应包括这个字本身以及衍生出的字义两个部分：（jin）“人”和（yen）“言”。就好像在一面光滑明亮的镜子前面，可以清晰地看到自己一样；准确地诵读单音节词，也应该立刻联想到它的字形。

3. 默写所背诵文段中的字词是相当有用的。默写完之后，再去对照书仔细检查是否有错漏之处，再逐一改正。

4. 这样一来，中国字就会被牢固地记在大脑中。用这种方法哪怕只是学习一百个字，其效果也远比大多数传教士用通常的方法学习一千个字要好得多。

5. 在三到四年以后，如果你希望开始用中文写作，你就会发现最初的艰辛劳作已经化作了甜美的果实。在写作中，汉字将会自然而然地出现在你的脑海里，并且你也会非常熟悉它们相互之间的搭配。

然而，我几乎不指望欧洲人在劝说之下会开始学习这门课程，因为他们所要面对的是一个如此平淡而又漫长的过程。但是，在这里，我仍然要坚持强调非常重要的两点。首先，那些美文锦句一定要全部背下来，尽管这种方法尚有不足，但是它所产生的优势却是不容忽视的。如果一个外国人可以根据自己的理解评价中国的典籍，对那些名家名篇信手拈来，而且还能把中国的经典讲得头头是道，甚至比他的老师还好，那么他将很快得到中国人的认同和接纳。其次，要尽快开始练习写汉字，最好是用毛笔，或者是鹅毛笔。当然在一开始，汉字不可能写得那么规矩整齐，而且也可能大小不一，但是熟能生巧，多练习就会很快熟悉汉字的写法。此外，注意观察中国人如何写汉字也是一种有效的方法。例如，“學”字的笔顺是这样的：先是“爻”，然后是“F”“ヨ”，第四画是“冖”，接着是“了”，最后是“一”。以上两种练习的好处是不言而喻的，练习者不仅可以做好自己的笔记，还可以摘抄那些使他陶醉的文段。一定要坚持像专业抄写员一样，随身常备大量的准备材料，例如毛笔等，因为准备工作总会耗费我们大量的精力和宝贵的时间。

学习中国典籍的顺序应当是这样的：首先读《孟子》，因为它的文风不如其他几部著作简洁;其次是《论语》;第三部应为《大学》;最后才是《中庸》。由此逐步进入更高的一级,依次是《诗经》《书经》和《易经》。

我们先做一个关于选择典籍注解本的调查。在明朝时期,为了便于太子学习,张居正对"四书"、《书经》及《易经》作了注解。清朝皇家教育机构的先生们,在教授少年康熙时,采用了同样的方法。张居正用当时通行的语言解释经典的集子,被称为《正解》;而清朝的这套更为典雅的注解本叫作《日讲》。拥有这两本集注本,是非常有帮助的,而且我们在阅读当中,还可以比较两者不同的风格。

如果谁还想获取更多关于古代典籍的正确知识,那么他应当去看一看《十三经》。这本长达一百三十四卷的巨著,有很多的注解本,特别是在汉朝和唐朝;此外,五百五十卷的《新刊经解》也是值得一读的。在这本书里,收集了几乎所有的集注本,尤其是盛行于宋、元时期的注本。

第三节 字典介绍

对于初来乍到的传教士们,没有比拥有一部字典更值得高兴的了,因为看来这似乎是学习一门新的语言的唯一途径。于是,他们花很多时间抄写所接触到的专门字典、辞典,这可能会有助于日后专心阅读"四书",并将其背诵下来。在此,我把这本《汉语札记》推荐给他们,其实是给了他们一种学习的自由。一旦掌握了本书的知识,就完全不需要字典了。但是不管怎样,字典还是有比较重要、值得一读的地方。

1.《正字通》

这本著作在某些地方尚需推敲,特别是涉及对字的研究方面,还不太确凿。

2.《康熙字典》

这其实是康熙皇帝下令修订和改进《正字通》之后的版本。但就博学这一层次而言,它意义不大,也不太可信。

3.《品字笺》

在这部著作中,汉字以一种新的方法排序,即以读音排序。它非常便于阅读和查找,而且有一些很好的特点。不过,作者在采用一些例子来证明其解释时,似乎是比较晦涩和困难的。

4.《说文》

只有那些想了解和研究汉字真实意义的人,才会花很长时间,并且很仔细地学习这部著作,但真正读懂的人却是少数。

有人会问,怎样从中文字典里查找汉字呢?当汉字是由读音排序时,应当熟记107个首字[8],就好像背字母表一样。这107个首字又被五声分为几个部分,故而归于第一声

(ˉ)的有15个字[9]，有15个字属于第二声(ˆ)[10]，30个字属于第三声(ˋ)[11]，30个字属于第四声(ˊ)[12]，最后17个字属于第五声(ˇ)[13]。但是欧洲人不熟悉中国的声调，使用这类字典会觉得比较困难。

《正字通》和其他一些字典则设定了214个部首，由它们衍生出其余的汉字。这些字就是造字的根本，中国人称为"部"，其他的就是在这些根本上长出的枝节。两个部分都是根据组成的笔画（汉语中称为"画"）来排序的，越前面的就越简单。但应当引起注意的是，当我们开始数枝节的笔画时，不能把部的笔画计算在内。比如"仁"字，只有四画，但当去掉部首之后，就只剩下两画。另一点需要重视的是，部对于了解由其组成的字的意义是很有用处的。例如带有"人"部，就表示一些与尊敬人有关的事；带有"心"部，表示与人的心或头脑有关，其他的当同此理。

不过这种排序的方法有其不足，这种不足是没有办法用因果关系来进行论证的。不过如果真的用读音来排序的话，另外的缺点就会即刻显现。所以，不管是采用何种方法排序，都需要清楚每一个字到底有多少画。为了能够准确地数笔画，首先需要注意的是让学生仔细观察中国人是如何运用毛笔来书写汉字的，这样一切问题很快就可以迎刃而解了。

第二章　汉字

汉字有双重性，一是汉字本身的形体不涉及发音或声调；二是当它们被读出来时，又可以表明不同的声音。

第一节　书写的汉字

汉字与我们接触过的其他语言的文字所不同的是：第一，每一个汉字都有其确定的含义，因此有多少字就有多少词；第二，汉字自身不表示本字的发音或声调，只表示形象和语言符号，它是针对反映在头脑中的印象而言，并不关系我们的听觉。例如，汉字(jin)"人"，不管在希腊语中读作"αυθρωποζ"，在拉丁语中读作"homo"，还是在汉语里习惯读作"jin"，但意义都是表示"人"，就好像数字1、2、3、4……在不同的语言中的读法是不一样的，但语言形式却是相同的。所以汉字有可能可以对应世界上各种语言的不同表达形式。

谈到文字，或者确切地说这一类的象形文字，有许多要点是由中国老师教给我们的，非常值得了解。但是，为了简洁起见，以及出于其他的考虑，我还是决定略过不提。最简单或最基本的六个笔画是："丶""一""亅""㇀""丿""乙"。我习惯把合体字分为两类。我归纳出的第一类是老师们教的那些表示一个确定的形体，并且包括一定数量的要素或笔画的字。例如：(jin)"人"，两画；(k'ɑu)"口"，三画；(sin)"心"，四画；(muh)"目"，五画；

(hiueh)“血”,六画;(kien)“見”,七画;(mun)“門”,八画;(shau)“首”,九画;(shú)“書”,十画;等等。而另一类则是那些一看就能发现可以分成独立的部分的字。例如:(lin)“林”这个字由两个(muh)“木”字组成,(ming)“明”这个字包括(jih)“日”和(yueh)“月”两个字。

虽然从最初开始,汉字字形在本质上就是一样的,但是因为它们的组成部分写法各异,所以在不同的时期汉字的字形是不一样的。比较普遍的书写体是(lí)“隶”,不过保存在《说文解字》中的字体却是(ch‘uen)“篆”。这两种哪一种更古老,尚未可知。关于(k‘o tau)“科斗”这种字体,没有确切的说明。在汉代出现了(ts‘áu shú)“草书”,至今仍可在文人们的笔记、序诗和题字中见到。可以确定的是,这种字体并未盛行起来,因为汉字在这种书写中常常太缩略,也太紧凑,以至于它们的组成部分变得不明显。因此,就无法通过汉字来体味其正确的意义。

在“隶书”中,现在仍很流行同一个汉字有不同的写法。

1. kú tsz’, 古字

(fáh)“佱”,同“法”。

(jin)“忎”,同“仁”。

2. pan tsz’, 本字

(tsái)“扗”,常习惯写作“在”。

(k‘ü)“厺”, 常习惯写作“去”。

(tsung)“从”,同“從”。

(chú)“处”,更常见于(chú)“處”。

(k‘í)“气”,同“氣”。

(yü)“与”, 常习惯写作“與”。

3. ching tsz’, 正字

这一类里没有多少字可以写成不同的字,故举例省。

4. suh tsz’, 俗字

这一类字据称是不属于《说文》中的,而见于大众阶层,共有 9313 个字。

5. sang tsz’, 省字

(kwán)“观”是“觀”的省字。

(pien)“变”是“變”的省字。

(lí)“礼”是“禮”的省字。

(shing)“圣”是“聖”的省字。

6. wei tsz’, 伪字

(sz’)“思”也写作“恖”。

这六种字类使得汉字的数量大大增加。人们常说，阅读中文书籍和用中文写作，至少需要掌握四五千个汉字。但又有哪一个传教士会承认自己没有足够的记忆力或能力去熟记五六千个汉字呢？

第二节 汉字的发音

为了能够正确地教授汉字的发音，通常是将另外两个字的发音部分结合起来，读出第三个音。例如：如果我们想知道(t'ien)"天"字的读音，那么就需要将(t'á)"他"和(nien)"年"的读音结合，取"他"字读音的前半部分"t'"和"年"字读音的后半部分"ien"，就得出"天"字的读音"t'ien"。其他字的发音方法也与之类似。这种读音方法，对于我们而言非常容易，但对于那些对我们的字母一无所知的中国文人就有相当的难度了。

让我们充分利用字母给我们带来的优势，因为对帮助记忆而言，没有比字母更好的了。因为如果我们知道如何利用欧洲字母来发汉字读音的话，一旦有所遗忘，还可以查阅记录，而且查多少次都可以。但如果整页用这种字母注音却不写上任何汉字，还是会一无所成。原因在于几天之后，我们根本读不懂用注音法写的句子。西班牙人记作"chi"，意大利人记作"ci"，法国人记作"tchi"，没有人会否认这些注音法，但因为有很多字发与之相同的音，相同的声调，如果加注"知"，则表示知道；"支"，则表示分支；"之"，则表示语法属格；"蜘"，则指的蜘蛛。很明显，这四个字意思各异。无论注的是"tchi""ci"还是"chi"，都只代表一个而且是同一个读音，其本身并不能代表任何意义。

不管上文如何阐述，有一点是非常明显的。那就是汉字必须通过嘴说出来，兼有读音和声调。音为发音的本质，而声调则为表达方式。因此，汉字的正确的读音应当同时注意以下两点：第一，学习汉字不仅要学习字的含义，还要学习正确的读音和声调；第二，汉字的字形也是需要掌握的。对于这两点，我们将分别加以学习。我们将从音调开始，这样我们就能更好地利用附录了。

1. 汉语的声调

汉字的音好似其主干，声调则更像其灵魂。例如：(k'án)"看"，其读音为"kán"，非常简单；一旦加上送气音和声调，就能正确地读作"k'án'"。因此，读音、声调和送气音对汉字的正确发音有着十分重要的意义。尽管有其他发音相同、意义不同的汉字，但中国人一般都能从语言场景、谈论主题以及通过上下文来识别出所说的(k'án)"看"字。如果只读这一个字的音，即使有声调和送气音，也无法准确判断出此字的意思。正是由于欧洲人过分注重字的发音，而不注重其他因素，所以常常被中国人误解。虽然他们是那么的学识渊博，那么的聪慧敏捷，并且勤勉努力，但终其一生还是结结巴巴地说着汉语。与此同时，有一些不太聪明的黑奴却在很短的时间内学会汉语，并能说得和中国人一样好。

可喜的是,那些一抵达中国就被带到一些驿站的传教士们,他们不得不扔掉笔,强迫自己使用当地的语言。他们只能用中文,而不是其他语言进行交流。

汉语的声调分为平、仄两种。平调又分为清、浊两类。仄调则分为上、去、入三类,这三类就使得汉语的声调从平直开始,到上声,就成了升调;到去声,就是降调;而入声的变化很短,并带有升降音的变化。虽然我们使用西方语言难以描述这些变化,但中国人却很注重这五种读音的变化细节,而且一再强调必须认真学习这些声调规则,仔细加以区分。还有不少汉字的读音随着用法的不同而有所区别。中国人在教授儿童汉字时,习惯在字的任意四角上画上一个小圆圈,以便于区分。(wei)“。为”读作平声时,表示去做某事;(wei)“为°”读作去声时,则表示解释。(ngoh)“恶。”读作入声时,表示邪恶;(wú)“恶°”读作去声时,表示厌恶;(wú)“。恶”读作平声时,则为询问虚词。同样,(yü)“。与”是虚词;(yü)“°与”表示给予;(yü)“与°”表示在场。当一些名词用作动词时,其声调也会发生变化。

2. 汉语的读音[14]

采用英文字母来排列汉语的读音,是为了使学习者学会正确地发音,注意在发音中的开头、中间和末尾的字母。章末附有谐音字的简表[15],是以谐音字为小类来收录的。

在前言里所谈到的两点:其一,也许最好的办法是熟知中国书籍,最起码要了解书籍的名字;其二,还应知道能像中国人一样读出汉字是多么重要。除非我们能全面地掌握中国语言的特点,否则不可能说一口地道的汉语,也不可能写出优美的中文文章。不过为了更好地了解有关汉语音调的知识,我希望下面这个简表能有用武之地。

注 释

① 李奭学(2011)对该小说有深入研究,并考证了马若瑟对该小说的著作权。

②目前马若瑟拉丁文原手稿存世两部,分别藏于法国国家图书馆和英国大英图书馆,其中大英图书馆所藏手稿仅存残缺不全的第一编。1831 年在马六甲由英华书院出版了《汉语札记》的拉丁文本,以法国所藏之手稿为底本。

③《汉语札记》的拉丁文本附录的是“汉语诸音总索引”,列举了 1445 种音节,每个音节列出一个汉字及其释义。而英译本的译者则用自己总结的谐音字表(“汉语音节总表”)取而代之,共计 528 个音节,4397 个汉字,但没有释义。此部分内容仅见于大英图书馆所藏的部分残稿,未见于法国国家图书馆手稿。

④该索引由法国汉学家雷慕沙在法国王室图书馆(现国家图书馆)誊写《汉语札记》抄本时所作。

⑤裨雅各,美国公理会教士,曾任《中国丛报》(旧译《澳门日报》,*The Chinese Repository*)总主笔,在职一年半。“这位三十岁就英年早逝的传教士,是汉学史上令人十分费解的几个人物之一。”(Harbsmeier,C. 1998)

⑥该索引为英译者裨雅各翻译该书时所作。

⑦即没有任何注释的古籍原文本。

⑧即一〇七韵。

⑨即上平十五韵。

⑩即下平十五韵。

⑪即上声三十韵。

⑫即去声三十韵。

⑬即入声十七韵。

⑭马若瑟 1831 年拉丁文本在这一部分借用西文字母，将法式注音与西式、葡式注音进行比较，对中国古代音韵学包括声母、韵母作了集中阐述，并对汉语音节的特性作了精准的剖析，指出"汉语的语声是由单音节构成的"。遗憾的是英译本将这部分几乎全部删节，同时删去了原书的"汉语音节总表"及附注和说明，另附一个"谐音字表"，以卫三畏《英华韵府历阶》的谐音字表为基础，按谐音字为小类收入 533 个音节，4296 个汉字，特此说明。

⑮英译本此处加有一注：后附的简表，来源于原书作者马若瑟神父的计划，通过西文字母来对汉字的读音进行排序，同时兼有读音的索引。我认为马若瑟的原表对现在的学生没有太多的现实意义，就在英译本中省略了。

参考文献

戴密微（1998）法国汉学研究史，《法国当代中国学》（戴仁主编，耿昇译），1－65 页，中国社会科学出版社。

方　豪（1987）《中西交通史》，岳麓书社。

方　豪（1988）《中国天主教史人物传》（中），中华书局。

费赖之（1995）《在华耶稣会士列传及书目》（全二册）（冯承钧译），中华书局。

李奭学（2011）中西合璧的小说新体——清初耶稣会士马若瑟著《梦美土记》初探，《汉学研究》第 2 期，81－116 页。

石田干之助（1941）《中西文化之交流》（张宏英译），商务印书馆。

张西平（2009）《欧洲早期汉学史——中西文化交流与西方汉学的兴起》，中华书局。

Harbsmeier, C. (1998) Language and logic. In Needham, J. (ed.). *Science and Civilisation in China*, 286－358. Cambridge: Cambridge University Press.

作者简介

李真，北京外国语大学国际中国文化研究院副教授，比较文学与跨文化研究博士，主要研究方向为明清中西文化交流史、世界汉语教育史。Email：lizhen@bfsu.edu.cn。

20世纪初新教在华汉语培训学校的发展

——基于中华续行委办会的一次调查

卞浩宇

苏州市职业大学外国语学院

提　要　1914年，受中华续行委办会委派，裴德士、鲍康宁和乐灵生组成的考察小组对当时新教在华汉语培训学校进行了一次大调查。此次调查不仅真实地反映了在华汉语培训学校的发展状况，而且对各个学校在管理、师资、教学等方面存在的问题以及取得的经验进行了一次较为全面的总结和剖析。此次调查对如何更好地促进来华传教士汉语学习，推动汉语培训学校继续发展亦产生了重要影响。

关键词　中华续行委办会　汉语培训学校　调查　影响

一　引言

1914年，受中华续行委办会委派，由美国来华传教士裴德士（William Bacon Pettus，1880—1959）、英国来华传教士鲍康宁（Frederick William Baller，1852—1922）和美国来华传教士乐灵生（Frank Joseph Rawlinson，1871—1937）组成的一个考察小组，调查走访了除成都和广州以外的中国境内由新教创办的所有汉语培训学校。就现有史料而言，此次调查是自1807年新教入华传教以来，首次在全国范围内开展的有关汉语培训学校发展状况之大调查，其意义不言而喻。不仅如此，此次调查所得出之数据、发现之问题、提出之建议，一方面较为客观真实地反映了当时汉语培训学校之生存状况；另一方面，对如何更好地促进来华传教士汉语学习，推动汉语培训学校继续发展亦产生了重要影响。

二　调查背景

20世纪初，随着国际传教事业的蓬勃发展，“西方教会和传教差会的一些领袖逐渐认识到，各国的传教组织只有打破宗派之间的樊篱，消除分歧，携手合作，共同对付传教中面临的各种困难，才有可能有效地促进传教活动的发展”（王美秀等 2006，318），跨宗派沟通与合作已成为基督教发展的新趋势。1910年，世界传教大会（World Missionary Conference）在英国爱丁堡召开。此次大会被视为普世教会运动的开端，与会人士各自总结了传教经验和教训，并呼吁不同教会之间应加强沟通与联合。“爱丁堡会议之后，专门成立了续行委办会，以便继续推动世界范围内基督徒的团结与协作，督促各宣教地的联合运动。”（张永广 2010）美国卫理公会著名活动家穆德（John Raleigh Mott，1865—1955）担任“续行委办会”（Continuation Committee）主席。

1913年初，穆德应邀来华，先后在广州、上海、济南、北京和汉口等地召开区域性代表大会。同年3月，全国基督教大会在上海举行，就宣教、中国教会、基督教神学教育、基督教文学、传教士培训等诸多问题展开讨论，穆德担任此次大会主席。参照爱丁堡大会模式，大会决定成立“中华续行委办会”（the China Continuation Committee），协助执行全国大会所达成之各项决议。为更好地推进教会各项事业发展，1913年夏，中华续行委办会又相继设立了“调查与统计特委会”“神学教育特委会”“福音布道特委会”“基督教文学特委会”“基督教书报特委会”以及“传教士培训特委会”，“这些特委会认真研究全国及地方会议中提出的问题，帮助中华续行委办会更好地执行全国大会所作之决议”。（Lobenstine 1914）

据刊登在1914年出版的《中国传教使团年鉴》（*The China Mission Year Book*）[①]上的《中华续行委办会第一年年度工作报告》（*The First Year of the China Continuation Committee*）记载，为更好地了解在华汉语培训学校发展状况，传教士培训特委会委派裴德士、鲍康宁和乐灵生考察在华所有汉语培训学校，“旨在了解每所学校的办学目标与教学方法，进而形成调查报告，并连同相关建议和措施一同递交给特别委员会”（Lobenstine 1914）。由是，一场全国范围内的汉语培训学校大调查就此展开。多年之后，裴德士在一篇文章中也提及此次调查活动，“1914年，一个由三人组成的考察小组受中华续行委办会派遣，考察了中国境内的汉语培训学校和学习班”（Pettus 1925）。

三　裴德士的前期调研

事实上，在此次全国调查开始之前，裴德士就曾在1914年的《中国传教使团年鉴》上发表过一篇文章《语言学校与学习班》（*Language Schools and Classes*），简要介绍了当时汉语培训学校的整体状况以及存在问题。

裴德士在文中首先指出，教会各界均已达成一致意见，以往传教士个体汉语学习方式已无法满足当前传教发展需求，因此，“成立语言培训学校已成为大势所趋，在那里，经验丰富的老传教士可以帮助新来者掌握语言"(Pettus 1914)。随后,裴德士提到,"目前,在中国已有数家这样的汉语培训学校,其中一些已经开办多年,还有一些则是近一两年内才建立的。此外,在上海、长沙、武昌、福州等处还有一些汉语培训班,这些班通常由一位或数位老传教士给新来者授课,授课时间为数小时或数周不等"(Pettus 1914)。据裴德士不完全统计,当时中国境内有七所汉语培训机构以及多个汉语培训班,具体如表 1 所示:

表 1 1914 年中国境内汉语培训机构及培训班一览表(Pettus 1914)

序号	学校名称 / 培训班	地点
1	中国内地会语言学校(男校)	安庆
2	中国内地会语言学校(女校)	扬州
3	华北协和语言学校	北京
4	金陵大学华言科	南京
5	中国西部语言学校	成都
6	加拿大长老会语言学校	卫辉
7	广东语言学校	广州
8	各地汉语培训班	北戴河、牯岭、莫干山、其他度假胜地

然而,这些汉语培训学校或培训班却保持独立运营的模式,之间并无任何沟通与联系,而且在设备、师资队伍、教学时间、教学内容、教学方式等方面也不尽相同。据裴德士描述,"有些地方提供住宿区、独立的学习房间和教室;有些地方则借用其他学校的教室,每天授课一到两小时,其余时间学生则分布在城市各处";"有些地方所有课程均由外国人教授,而有些地方则由受过很好培训的中国人担任授课任务";"有些学校希望能够教授语音学,但大多数学校则遗憾地表示不具备这样的师资;直到目前,仅有一所学校派遣教师前往西方国家学习现代语言学知识";"有的学校每次开班仅几个月,而其他一些学校则提供两年制的课程";"有些学校几乎只教对话,毫不关心阅读与写作;而有的学校则将写作看作是教学的核心内容"。裴德士在文章最后提到,关于汉语培训学校的发展,教会各界"已经做了很多尝试,也获得了许多宝贵的经验",有鉴于此,"为更好地搜集和研究这些案例,中华续行委办会任命了由三人组成的考察小组(裴德士、鲍康宁、乐灵生)前往这些语言学校进行调研学习,并在 1915 年向中华续行委办会汇报从调查中获得的有建设性意义的成果"。(Pettus 1914)

裴德士的这篇文章虽然只有短短的两页,所提内容也较为笼统、宽泛,但其中却涉及多个汉语培训学校,同时也在一定程度上反映出当时传教士汉语教学中存在的各自为政、缺乏统一规划与管理等混乱现象,为接下来即将开展的大调查奠定了良好基础,这大概也是中华续行委办会委派他参加此次调查的主要原因之一。

四 调查结果与反馈

1915 年出版的《中国传教使团年鉴》上，刊登了罗炳生（Edwin Carlyle Lobenstine，1872—1958）撰写的《中华续行委办会第二年年度报告》（*The Second Year of the China Continuation Committee*）。在这份报告中，罗炳生提到了裴德士等人的调查活动，他写道，"考察小组获取了很多宝贵信息，这些信息对那些执掌汉语培训学校的负责人而言，非常有帮助。正是在考察小组工作基础上，委员会的报告[②]才能勾勒出目前这些汉语培训学校的整体状况、所需学校的数量、学校配备与师资、学校的组织机构以及最好的教学方式"（Lobenstine 1915）。

然而，令人遗憾的是，目前史料中尚未发现有关此次调查报告的全文，但在同一本《中国传教使团年鉴》的第 24 章上，刊载了一篇名为《中华续行委办会语言学习考察小组走访学校之报告概要》（*Summary of the Reports of the Schools Visited by the Language Study Commission of the C. C. C*）的文章。正如该文篇名所示，这篇文章实际上就是调查报告的"浓缩版"，分别从概况、组织机构、财务、设备、教学重点、外籍教师、汉语口语、翻译、文理（即书面语）、汉字书写、学生、社会与宗教生活等多方面，对此次大调查所获得之信息进行较为详细的总结和论述。此外，值得一提的是，在 1915 年 6 月刊的《教务杂志》[③]上，也刊登了一篇名为《部分特别委员会报告节选》（*Extracts from the Reports of Some of the Special Committees*）的长文，文中收录了多个中华续行委办会特别委员会提供的报告节选，其中就包括乐灵生所写的关于汉语培训学校的调查报告节选——《论传教士的培训》（*On Training of Missionaries*）。需要指出的是，该文所节选内容主要是裴德士、鲍康宁和乐灵生在调查完成之后，针对当时汉语培训学校存在的问题所提出的解决方案和设想，恰好与《中国传教使团年鉴》所刊文章形成呼应。[④]也正是通过这两篇文章，有关此次大调查的具体结果和建议才为人所知。

4.1 调查结果

据《中华续行委办会语言学习考察小组走访学校之报告概要》（以下简称《概要》）介绍，裴德士一行三人先后"走访、考察了七所汉语培训学校，每所学校发展状况各不相同"（MacGillivray 1915，404）。

4.1.1 各校整体情况

就各校而言，有的学校刚刚开办不久，而有的学校则创办已久；有的学校仅招收某个差会的学生，而有的学校则面向众多差会招生；有的学校受一个差会独立管理，而有的学校则受众差会选举出来的代表委员会监督；等等。具体如表 2 所示：

表 2 被考察学校概况一览表(MacGillivray 1915，404—405)

序号	学校名称	地点	创办时间	招生对象	管理机构
1	鸡公山语言学校	鸡公山	1914 年秋	单一差会	代表委员会
2	汉口语言学校	汉口	1914 年秋	除 2 名学生之外，其余均为美国圣公会成员	代表委员会
3	内地会语言学校	安庆	已多年	目前均为内地会成员，但希望日后能够面对所有差会招生	内地会
4	内地会语言学校	扬州	已多年	目前均为内地会成员，但希望日后能够面对所有差会招生	内地会
5	华北协和语言学校	北京	1913 年	未提及	代表委员会
6	卫辉语言学校	卫辉	1913 年	单一差会	加拿大长老会
7	金陵大学华言科	南京	未提及	未提及	代表委员会

至于各校招生情况，考察小组提到，“走访的这七所学校目前共有学生 126 人，鸡公山学校有望再招收 11 名学生。其他学校除了三所之外，在不久的将来招生人数均有望上升。在正常时期，内地会语言学校在两地至少能够招收 50 名学生。如果在武汉中心建立一所学校，那招收人数有望达到 50 人左右。不过，如果是在正常时期，所走访的这些学校的整体招生数应该在 250 人左右”(MacGillivray 1915，404—405)。

在谈到各校财政状况时，考察小组指出，内地会语言学校和卫辉语言学校的情况，相对比较简单；而南京学校和鸡公山学校的目前开支主要来自学生学费；北京学校情况较为复杂，“除了收取学费之外，学校还有权评估学校董事局成员所代表的差会应付的费用比例，无论这些差会是否有学生在校就读”；至于学费，据《概要》记载，“北京为全年 54 美元，另有一些费用按照学生在校时长收取。鸡公山一年大约收取 50 美元。在南京也是每年 50 美元”。而在开支方面，“在北京，学费主要用来支付教师工资和租金；在鸡公山，一半用来支付外国董事的薪水；在南京，用来支付学生所用材料的打印费用，此外学生每人还需另付 12 美元”。(MacGillivray 1915，405—406)

各校设施，在考察组看来，较为简陋，“除了内地会设施完备之外，南京学校也配备了教室和独立自习室。其他学校则没有其他特别设施。北京学校借用北京青年基督教的大楼。鸡公山学校则借用内地会的大院。汉口学校更是将教室安排在外籍教师家中”(MacGillivray 1915，406)。

学生住宿也是此次考察小组发现的一个问题，并在很大程度上影响了学校正常教学秩序和效果，正如《概要》中所言，“除内地会之外，给学生安排最适合上学的住宿条件这一问题,至今尚未得到有效解决”。据《概要》记载,“在卫辉,不少学生可以住在差会大院中,因此这一问题显得不那么紧迫。而在鸡公山,学生住处靠近学校,还有大约12名学生住在差会董事家中。至于其他三所学校,学生每天要耗费很多时间,从他们的住处赶往学校,两地相距甚远”;考察小组甚至提议,让学校自己经营旅店,“这样一来,也许课堂出勤率就会大幅度提高”。(MacGillivray 1915, 410)

此外,考察小组还就一些学校在学生管理方面的独特做法进行了分享。例如,鸡公山学校实行“封闭式”管理,“学生在校期间不参与差会工作”,而且“每周中国籍教师会召开一次学生和校董共同参加的会议,共同讨论学生提出的难题”;又如,内地会学校会提前让学生了解他们日后传教所去之处的真实生活状况,“这种做法在其他学校是不多见的”,这样做主要是担心大城市的生活“会让学生对偏远地区的工作失去兴趣”。(MacGillivray 1915, 410)

4.1.2 各校教学情况

良好的师资是学校成功的重要保证。在师资方面,考察小组发现,在走访的七所学校中,“有五所学校由传教士负责培训新人,但只有在内地会的两所学校以及南京学校里,才有专职传教士负责培训”;除传教士之外,中国籍教师亦是学校发展的好帮手,“通常来说,中国籍教师很容易找到,而且只要稍微留意一下,就能挑选出很多优秀的帮手”;考察小组建议,“应该给这些中国籍教师更多机会,就像北京和南京学校那样,一旦给予机会,这些中国籍教师非常愿意尝试现代教学法”;而且考察小组相信,“如果能够严格挑选中国籍教师并且对他们进行相关培训,学校的整个工作势必会更上一个台阶”;但同时,考察小组也指出,“这也正是这些学校目前所欠缺的”。(MacGillivray 1915, 407)

教学重心是考察组关注的重点之一。尽管“所有学校的最终目的都是训练学生开口讲中文”,但正如《概要》中所言,“所用方法各不相同”。对此,考察组也一一记录下来。“北京学校的教学主要围绕语言研究展开,在汉字研究方面可以相对减少教学时间。在卫辉学校,教学主要强调听力训练。在鸡公山,重点在于背诵句子,先听后背,这样学生就可以使用这些句子。在南京,教学正在进行改革以便可以更多地使用直接教学法,目前教学所呈现出的主要特征以学习和掌握汉字为主,汉字书写是每位学生每天测试的内容。在汉口,更加侧重学习‘文理’。内地会的教学目标旨在培养优秀的讲演者,但学校教学还是以完成一定量的书面阅读为中心”。有鉴于此,考察小组认为,“学校的教学目标应该与教学方法相关联;同时,也需要给这些学校的教学提供一个更加明确的模式”。(MacGillivray 1915, 406—407)

在谈到汉语口语教学时,考察小组指出,每所学校花费在口语教学上的力度和时间各不相同。在考察小组看来,“最好的案例当属北京学校,在那里,课堂教学的大部分内容均用汉语完成。南京学校也加大这方面的关注。而在鸡公山学校里,中文对话练习通常是在传教士教师和学生之间展开”。考察小组总体感觉到,各学校在汉语口语教学方面并没有给予足够时间,“目前的趋势是将注意力更多地集中在课本上,并且有太多的想法想实施,以至于最重要的目标——学会讲中文——被淡化,学生没有足够的时间来练习所学内容”。此外,考察小组还发现,学生在课堂外锻炼听、说的机会也不尽相同,例如,“内地会学生用中文参加祈祷仪式已成为他们日常生活中的一部分”。在考察小组印象中,“在帮助学生通过各种方式掌握口语方面,最为重视的是北京学校,而最不重视的则是汉口学校”。针对这些情况,考察小组提出,各学校“应重视听力的训练,并给学生更多的机会练习汉语的口语表达”。最后,考察小组得出一致结论,“尽管各校之目标是培养讲演者,但所用教学方法与教学理念并不十分匹配”。(MacGillivray 1915, 407－408)

翻译也是语言学习的一项重要技能。据考察小组介绍,“翻译教学通常是在外籍教师的课堂上开展的,形式包括日常口译以及从学生阅读中抽取片段进行笔译。几乎没有学校尝试让学生先听中国籍教师读一句或一段,然后再进行翻译,在此期间,学生不得翻看课本”。然而,考察小组对翻译教学效果并不满意,他们在《概要》中写道:“在翻译时,学生们试图将汉语成语译成英文,但从他们所用的英文措辞来看,翻译效果并不令人满意。”因此,考察小组建议,首先应该帮助学生更好地理解汉语原文,“重点应该放在如何将汉语翻译成地道的英语。要做到这点,就必须花时间帮学生弄懂那些语法点和难懂的成语。目前南京学校每天约有二十分钟时间用来帮助学生理解中文,希望其他学校也能在这方面投入更多时间”。(MacGillivray 1915, 408)

在“文理”方面,考察小组发现,内地会学校的教学中并不包括这部分内容,而汉口学校则在学生完成两个月的初级课程后便开始教授“文理”,其他学校均未在第一年开设“文理”课程。考察小组认为,“‘文理’课程的开设与否,应该取决于其能否帮助学生在汉语口语方面取得更大进步”。(MacGillivray 1915, 409)

在汉字书写教学上,考察小组指出,只有北京和南京的两所学校较为重视,“在北京学校,九分之一的课堂时间以及五分之一的学习时间都用来学习汉字书写,学生整体进步很大。而在南京学校,三分之一的课堂时间以及三分之一的学习时间用来写汉字”;而其他五所学校“对此并不十分重视”。对于北京和南京学校在汉字书写教、学上的时间分配比例,考察小组似乎不太认同,在《概要》中,考察小组这样写道:“总的感觉是,汉字书写应该在语言教学课程体系中占有一席之地,但应该处于次要位置,在任何情况下,汉字书写的教学都不应该干扰口语教学。”(MacGillivray 1915, 409)

最后,考察小组还对学生参加的社会和宗教活动情况作了总结。据介绍,在北京,由于学生过于分散,学校无法直接接触到他们的社会和宗教生活;在南京和鸡公山学校,除了日常的英文早祈祷之外,学校也未组织相关活动;而在内地会学校,校方对此给予高度重视。对于内地会的做法,考察小组表示认同,"应该意识到,这些年轻传教士生命中最为重要的时光就是在培训学校度过的;因此,密切关注这一问题,参考内地会的做法是很有必要的"(MacGillivray 1915, 410)。

4.2 调查的反馈和建议

针对此次调查中发现的诸多问题和情况,乐灵生,作为考察小组负责人,在递交给中华续行委办会的报告《论传教士培训》中提出了考察小组的看法和建议。

4.2.1 对学校办学及管理的反馈和建议

在学校名称和办学目标上,考察小组建议所有学校统一使用"传教士培训学校"(Training Schools for Missionaries)称号;并且学校要明确其办学宗旨在于为传教士新人提供专业帮助,具体而言,"让学生了解传教工作的实际问题,以便帮助他们学会如何适应环境;尽一切可能让学生掌握好汉语口语;帮助学生了解如何系统地开展工作以及如何保持身体健康"。(Rawlinson 1915)

关于学校的办学地点,考察小组认为应设立在传教工作较为集中的城市为宜,这是因为:一方面,"在这样的城市中,更容易找到优秀的中国籍教师,学生也有更多机会与中国人进行交流与沟通";另一方面,"请资深传教士来校做讲座或开设课程会相对容易一些,同时学生也更容易接触到不同形式的传教工作"。在考察小组看来,北京、南京、武昌、广州和成都这些"中心城市"的学校应该首先发展起来。而对于在度假区组织开办短训班,考察小组认为利弊皆有,好处在于可以很好地解决学生住宿问题,因为"在冬季,度假区通常会有大量空余的房间";但不利之处在于"很难找到合适的中国籍教师,缺少资深传教士们的帮助,学生没有直接与中国人接触交流的机会"。此外,乐灵生还透露,"目前福州正准备开办一所小型培训学校",考察小组认为,"如果福州以及上面提及的五所城市的培训学校能够很好地发展起来,其他地区将会从中获取经验和帮助"。(Rawlinson 1915)

在探讨学校设施时,考察小组认为,每所学校必须配备一所旅馆,"所有学生集中住宿,如此一来便于学生集中注意力学习",有意思的是,考察小组还特别提到,"建议学校为男生和女生准备不同的旅馆,以免触犯中国的道德伦理";除了正常的教室,考察小组认为,"学校要为学生配备自修室,在那里学生可以和中国籍老师进行单独交流、学习";此外,学校的图书馆"要尽可能多地收藏汉语字典以及其他有关汉语学习和中国情况的书籍"。(Rawlinson 1915)

关于学校组织管理,考察小组认为,学校的管理权力应该归属"由各差会代表共同组成的委员会",如果学校是一个联合教育机构,"则权力归该机构所有";而就学校组织内部而言,"权力则应该掌握在校长手中"。(Rawlinson 1915)

在财务支持方面，考察小组认为，“当前学校的支出应该由差会从学费收入中支出”；至于那些由几个差会联办的学校，“各差会应该达成一致意见，一旦入不敷出，则由差会共同填补赤字”。考察小组还建议，“可以向私人募捐基金”。(Rawlinson 1915)

4.2.2 对教学的反馈和建议

学校师资是考察小组提出建议最多的一项。考察小组对校长和中国籍教师的职责分别给出了相应意见，具体如表 3 和表 4 所示：

表 3 校长职责一览表(Rawlinson 1915)

序号	职责
1	采用指出错误、解释难点、建议学习方法等方式和中国籍教师一起监督课堂教学和课后学习，最好能了解语音学的知识和实际应用
2	挑选、管理和培训中国籍教师
3	就学生提出的学习难点开展讨论
4	安排旅馆或学生宿舍的管理
5	就新来传教士在适应中国环境过程中出现的困难，给予个人关怀并提供建议
6	关注学校整体氛围
7	在不影响上述职责的情况下担任一定教学任务
8	邀请其他传教士协助教学，例如做主题讲座、开设中国成语课程、开设翻译课程等

表 4 中国籍教师职责一览表(Rawlinson 1915)

序号	职责
1	在学校全程使用中文
2	担任相关课程的授课任务
3	在指定的时间接受培训(通常在夏季)
4	如果工作有效、具有较强教学能力，可获得永久聘用，全年薪水提高

在谈到课程设置时，报告指出，“所有学校都是在摸索中前进，但是考察小组所到之学校(除了广州)以及一所中国西部学校均使用鲍康宁编写的《英华合璧》作为第一年的教材”，“有些学校，《英华合璧》还与《新约》相关章节以及当地教师准备的一些故事配合使用”。报告还提到，“除了北京华北协和语言学校和广州的培训班，其他所走访的学校没有明确提供一年以后的课程”。因此，考察小组建议，“每所学校应该准备一份完整详细的计划书，包括课程设置和教学方法，供有兴趣的差会了解”；考察小组甚至提出，“在有可能的情况下每所学校准备三年以上的课程”。(Rawlinson 1915)

教学方式也是考察小组重点探讨的问题。针对调查中发现的一些问题,考察小组提出了相关建议。在考察小组看来,学校教学总体目标应该是"培养学生理解和讲中文的能力",而这种能力并不"仅仅以学生通过测试为标准"。在口语教学方面,考察小组指出,"逐字认读汉字是一种辅助口语教学的方法,应该加以运用。学习的基础应该是句子和有内在关联的语篇,而不是单个汉字。只有当学生不看书本能理解中国籍教师所读内容时,才算真正掌握"。对于"掌握",考察小组给出了两个标准:(1) 通过听、看能完全理解;(2) 能够用口语复述课文内容。在翻译方面,考察小组提到,"在英汉互译时,要确保意义的准确性"。在课堂练习方面,考察小组认为,"学生应该尽可能多地练习对话,这种练习首先训练的是听力的准确性,其次训练的是模仿的准确性,最后训练的是手、眼的配合与协调能力"。至于汉字书写和识字,在考察小组看来,不能影响口语的进步,因此"所占学时比例不要超过整体学时的十分之一";而且对普通学生而言,"一学年掌握的汉字数量不要超过500个"。值得一提的是,考察小组还特别希望各校能够将现代语音学的专业知识融入教学中,"语音学能够帮助学生学会如何调节他们的发音器官去发出那些较为困难的汉语发音"。(Rawlinson 1915)

在学习"文理"方面,考察小组的意见为不宜早学,"应该在第二学年下学期开设,毕竟口语才是最重要的"。如要开设"文理"课程,考察小组建议,可选用鲍康宁编写的《华文释义》(*Lessons in Elementary Wenli*)而非儒家经典著作。此外,夏德(Friedrich Hirth,1845—1927)编写的《文件字句入门》(*Notes on the Chinese Documentary Style*)有助于学生了解"文理"中出现的语法现象。(Rawlinson 1915)

考察小组对学生也提出了希望和要求。考察小组认为,"新来的传教士应该直接进入培训学校学习",一年之后再去相应的传教点,并且"在实践中继续学习"。与此同时,考察小组还告诫学生,一方面,"尽量避免沾染学校当地的不良风气","不要让社会交往和其他事情占用太多学习时间,或牵扯过多精力";另一方面,"学生应该参加学校或差会组织的宗教活动,而且应该定期参加用中文举行的祈祷仪式,这样有助于锻炼听力"。此外,考察小组还强烈建议,学生要"掌握中国礼仪,从而可以避免触犯到中国人"。(Rawlinson 1915)

五　调查的意义及影响

自1807年马礼逊(Robert Morrison,1782—1834)来华,传教士的汉语学习便成为在华各大差会关注的重要问题之一。1887年,内地会率先创办了汉语培训学校,由此改变了以往"个体学习"为主的局面。此后,各类汉语培训班、培训学校应运而生。然而,这些汉语培训机构的运行情况如何、采用哪些教学方法、学生学习效果怎样、存在哪些不足等问题，一直以来，虽已引起教会内部有识之士的关注，但尚未有人做过全面深入的调查、总结与评估。因此，此次由中华续行委办会发起的大调查，可以说是近代史上第一次关于汉语培训学校总体概况的调研与分析，其历史意义不言而喻。

从此次调查的报告来看，考察小组一方面较为客观、真实地勾勒出了在华汉语培训学校的发展现状；更为重要的是，对各个学校在管理、师资、教学等诸多方面存在的问题以及取得的经验进行了一次较为全面的总结和剖析，并在此基础上提出了相应的对策和建议，这无论是对在华汉语培训学校的进一步发展，还是对在华差会的未来规划，无疑都是非常有帮助的。事实上，据《教务杂志》报道，中华续行委办会在认真研读报告之后，很快便采纳了数条意见，其中包括，"尽快邀请语言学专家前往培训学校，就语言学习的最新研究与发展做系列报告""邀请资深传教士前往所有学校做讲座""新来华传教士要先在学校学习一年，在校期间接受校长监督和学校管理"，等等。（Rawlinson 1915）

1915 年，针对在调查中普遍存在的缺少规范的教学计划、完整的课程设置、合理的汉语教学法等一系列问题，裴德士特意编写、出版了《汉语学习法初论》（*Brief Introduction to the Study of the Chinese Language*）一书。该书封面上赫然印着这样一句话："中华续行委办会指派的传教士培训特委会成员们于 1914—1915 年间修订了该书内容，并将此书推荐给读者。"（Pettus 1915）与之前来华传教士们编写的汉语教材不同，《汉语学习法初论》篇幅极短，"无论在编纂体例还是内容设计上，并非针对普通西方个体汉语学习者，而是专门为执掌在华汉语培训学校的教会负责人所编写，其目的在于指导他们如何更加合理地安排汉语教学内容、有效开展汉语教学"（卞浩宇 2020）。尤为值得一提的是，在《汉语学习法初论》中，裴德士详细阐述了直接教学法（the direct method）"口语优先"的原则。他指出，在外语学习中，首先要学的并不是书面语，而是用于日常对话的口头语，教师首要任务是让学生清楚地了解外语的发音，书面语的学习应安排在外语学习的后期进行。这是因为，裴德士深知，"对来华传教士而言，学习语言最为重要的便是他能够听懂别人对他讲的中文，并且他自己也能对别人讲中文"，为此，"要想帮助学生学好汉语，就要在学生学习初期，教会他们如何说中文，并且告诉他们想要学好汉语口语必须做什么"。（Pettus 1915，13）。裴德士的这一指导思想正是针对调查中发现的"教学方法与教学目标不匹配"而提出的，具有明确的指向性。

1915 年 12 月 30—31 日，全国培训学校负责人会议（Conference of Training School Directors）在南京召开，会议主题之一就是探讨来华传教士第一年课程目标。而事实上，"此次会议有关教学法的讨论，与裴德士书中所言几乎完全一致；同时考虑到，此次会议是由中华续行委办会的下属委员会传教士培训特委会主办，因此，此次会议可以看作是对《汉语学习法初论》所述相关教学方法和理念在全国范围内的一次宣传和推广，其影响自然不言而喻"(卞浩宇 2020)。此次会议之后,在华汉语培训学校开始纷纷改革以往的教学模式,其中又以裴德士领导的华北协和语言学校最为突出;1918 年,该校又和南京金陵大学华言科联合制定和采用一个"五年制学程",教学方法以"语音归纳法"为主,此后,成都协和宣教师训练学校(Union Missionary Training School,Chengtu)亦遵循这一模式,"教学的方法和南京、北京两校所采用的一样"(中华续行委办会调查特委会 1987,955)。由此可见,此次调查的确对在华汉语培训学校的发展产生了深远影响。

注 释

① 1910 年,为客观准确地把握基督教在中国的发展状况与动态,来华传教士借鉴日本西方传教使团做法,开始编纂中国基督教运动的年鉴。《中国传教使团年鉴》(*The China Mission Year Book*)由此创刊,年鉴由基督教文献出版机构广学会负责编纂、出版。1913 年,"中华续行委办会"成立后,从广学会手中接管了《中国传教使团年鉴》的编纂工作,一直持续到 1922 年。此后,中华全国基督教协进会成立,接手年鉴编纂工作。1926 年,《中国传教使团年鉴》正式更名为《中国基督教年鉴》(*The China Christian Year Book*)。1931 年后,年鉴变成每两年出版一期。1941 年,由于抗日战争局势恶化、在华英美传教士遭驱逐等种种不利因素,年鉴最终停办。从 1910 年创刊至 1941 年停刊,年鉴共出版 21 期,主要刊登关于中国政局、宗教思想与生活、传教差会与传教活动的分析专论,发表介绍教会发展,教会合作运动,教会的青年与学生工作、妇女工作、教育工作、医药工作、社会工作、文字出版工作等方面的论述文章,并附有人名、地名和主题索引,是一套全面记录和展示在华新教传教使团活动的大百科全书。参见沈弘(2013)、文庸等(2005,612)。

②需要指出的是,罗炳生这段文字的结尾有一个脚注,脚注内容为"见上面第 25 章"(see Chapter 25, above),根据《中国传教使团年鉴》惯例,该脚注意思为文中所指报告的相关内容在该年鉴的第 25 章上。然而,事实上,第 25 章上并没有出现这份报告,反倒是在第 24 章中出现了这份报告的概要,因此很有可能是在编写这条脚注时误将"24"写成了"25"。

③《教务杂志》(*The Chinese Recorder and Missionary Journal*,后更名为 *The Chinese Recorder*)是一份由 19 世纪来华新教传教士创办的英文刊物。1867 年在福州美华书局创刊,1872 年曾中断发行。1874 年迁往上海,1941 年停刊。该刊物最初宗旨是为初到中国的传教士提供有关中国的知识和信息,沟通在华各地传教士传教活动的信息,但事实上,该刊内容远远超过最初宗旨,涉及教会学校、中国教会的发展以及中国近代史上的许多事件,是研究基督教新教在中国传教历史的重要文献。参见文庸等(2005,254—255)。

④事实上,据《中华续行委办会第一年年度工作报告》记载,自从中华续行委办会成立之后,《教务杂志》就成为其"官方报刊"(official organ),刊登了大量有关中华续行委办会的报道、社论以及文章;而负责主持此次汉语培训学校大调查的乐灵生更是从 1913 年至 1937 年间担任《教务杂志》主编。虽然,目前没有史料能够直接证明为什么《中国传教使团年鉴》和《教务杂志》刊登的有关此次汉语培训学校大调查的报告会形成呼应,但很有可能是中华续行委办会在安排编写、出版过程时为避免两篇报告内容重复而"故意为之"的举动。

参考文献

卞浩宇(2020)美国来华传教士裴德士对外汉语教学思想研究——以《汉语学习法初论》为中心,《世界华文教育》第 2 期,52—59 页。

沈　弘(2013)一套全面记录和展示在华新教传教使团活动的大百科全书——记《中国传教使团年鉴》和《中国基督教年鉴》,《中国基督教年鉴》(第 1 册)(本书编委会编),1—30 页,国家图书馆出版社。

王美秀、段　琦、文　庸、乐　峰等(2006)《基督教史》,江苏人民出版社。

文　庸、乐　峰、王继武主编(2005)《基督教词典(修订版)》,商务印书馆。

张永广(2010)二十世纪上半叶中国基督教会合一运动述评,《宗教学研究》第 4 期,127—133 页。

中华续行委办会调查特委会(1987)《中华归主——中国基督教事业统计(一九〇一——一九二〇)》(下册)(蔡咏春、文庸、杨周怀、段琦译),中国社会科学出版社。

Hodgkin, H. T. (1925) *The China Mission Year Book* (*Thirteenth Issue*). Shanghai: Christian Literature Society.

Lobenstine, E. C. (1914) The first year of the China Continuation Committee. In MacGillivray, D. *The China Mission Year Book* (*Fifth Issue*), 484—498. Shanghai: The Christian Literature Society for China.

Lobenstine, E. C. (1915) The second year of the China Continuation Committee. In MacGillivray, D. *The China Mission Year Book* (*Sixth Issue*), 481—499. Shanghai: The Christian Literature Society for China.

MacGillivray, D. (1914) *The China Mission Year Book* (*Fifth Issue*). Shanghai: The Christian Literature Society for China.

MacGillivray, D. (1915) *The China Mission Year Book* (*Sixth Issue*). Shanghai: The Christian Literature Society for China.

Pettus, W. B. (1914) Language schools and classes. In MacGillivray, D. *The China Mission Year Book* (*Fifth Issue*), 499—501. Shanghai: The Christian Literature Society for China.

Pettus, W. B. (1915) *Brief Introduction to the Study of the Chinese Language*. Shanghai: Presbyterian Mission Press.

Pettus, W. B. (1925) Language schools. In Hodgkin, H. T. *The China Mission Year Book* (*Thirteenth Issue*), 235—237. Shanghai: Christian Literature Society.

Rawlinson, F. (1915) On training of missionaries. *The Chinese Recorder*, 46, 370—376. Shanghai: Presbyterian Mission Press.

作者简介

卞浩宇,苏州市职业大学外国语学院副院长,教授,研究方向为世界汉语教学史、海外汉学、中西文化交流。Email:howardbian@163.com。

百年寻迹:美国汉语教学历史与现状

顾利程

美国西北大学

提　要　美国的汉语教学已经走过了140多年的漫长历程。根据不同时期的教学目的及教学方法,本文将这段历史划分成五个阶段,即1877年开启的"萌芽创业阶段"、1941年开启的"战时发展阶段"、1958年开启的"战略竞争阶段"、20世纪80年代开启的"科研升华阶段"和21世纪开启的"普及推广阶段"。他山之石,可以攻玉。笔者希望美国的汉语教学发展历史能给国内的语言类教学与研究提供一些经验和教训。

关键词　美国汉语教学　汉语教学历史　汉语教学现状

一　萌芽创业阶段

1840年鸦片战争以后,大批美国人来到中国。为了满足语言沟通的需求,一些美国院校决定开设汉语课程,以培训即将赴华的商人、传教士及外交人员。因此,美国大学最初的汉语课程也就应运而生。1877年金秋八月末的一天,注定是美国汉语教学历史上具有划时代意义的一天。这一天,坐落在康涅狄格州纽黑文市(New Haven of Connecticut)的耶鲁大学正式聘任美国人卫三畏(Samuel Wells Williams,1812—1884)担任耶鲁大学汉语言文学教授。这是美国历史上首次聘任汉语言文学教授。而促成这一事件的人,就是当年中国第一位留美学生容闳。是容闳先生建议自己的母校耶鲁大学开设汉语课程,也是他向耶鲁大力推荐卫三畏来担此重任。根据顾钧(2002)的介绍,卫三畏是美国最早来华传教的传教士之一。早在1833年,他就来到广州传教,并且从事出版、外交、汉语教学等工作。为了帮助外国人学习汉语,卫三畏于1842年出版了《拾级大成》(*Essay Lessons in Chinese*)。根据顾钧(2002)的描述,该书以学说广东话为主,是第一本由外国人编写出版的汉语教科书。虽然现在已经很难见到这本教材的原始版本,但是通过顾钧(2002)提供的下面这个例子,我们大概可以窥见卫三畏在其书中是如何通过《聊斋志异》来教汉语的。

有	乡	人	货	梨	于	市	颇	甘	芳	价	腾	贵
you	heung	yan	fo	li	u	shi	po	kan	fong	ka	tang	kwai
was	village	man	peddled	plum	in	market	rather	sweet	fragrant	price	rise	dear

Once there was a villager selling plums in the market which were rather sweet and fragrant, and the price was rather high.

在上面的几行文字中,第一行是选自《聊斋志异》的汉字原文;第二行是这些汉字逐字的广东话发音,既没有音调,也没有字词间的连接,譬如"乡人"heung yan 作为一个词,是应该拼写在一起的,而不能分开,但是书中却分开了;第三行是逐字的英文直译,这一行英文不讲究语法,每一个汉字匹配一个英文翻译,其目的是告诉读者单个汉字的英文意思是什么;第四行才是整个句子完整贴切的英文翻译。由此我们不难推测出,当年卫三畏的主要教学目的是教学生学说广东话,其主要方法是帮助学生了解单个汉字所对应的英文翻译是什么。

卫三畏不负众望,在随后的几年里,为发展耶鲁大学的汉语教学与汉学研究打下了良好基础,使耶鲁大学成为美国汉语教学、汉学研究以及该领域书刊出版的重镇。中国学者孔陈焱(2010)对卫三畏在美国汉语教学事业开创过程中所做的贡献给予了充分的肯定,称卫三畏为第一个在美国教授汉语的美国人,第一个出版汉语课本的美国人,以及第一个出版汉学研究专著的美国人。卫三畏给美国汉语教学界及汉学研究界留下了深深的印记。

在耶鲁大学准备开设汉语课程的同时,哈佛大学也在积极筹备中。在没有第二个卫三畏的情况下,哈佛大学把目光抛向了太平洋的彼岸——为什么不请一个中国人来教汉语课呢?

1879 年 10 月 22 日是哈佛大学汉语教学历史上一个重要的日子。这一天,哈佛大学的汉语课正式开课了。哈佛大学从中国请来的汉语教师不是一般的中国学者,而是一位五品官员,名叫戈鲲化。

为了培养美国学生尊师重道的意识,戈鲲化每次上课都要郑重其事地穿上他的五品官服。上课前学生向老师行礼,老师向学生还礼。在汉语课程的草创阶段,教材是一个很大的问题,当时根本没有适合洋学生使用的汉语课本。好在戈鲲化给哈佛大学带来了一批中文书籍,其中的小说,相比于文言更加接近口语,更容易使用,因此他选择了文白相间的明清小说作为课本。

开学以后,戈鲲化每周给学生上五堂汉语课,每堂课一个小时,然后安排学生用两三个小时的时间完成作业并准备第二天的新课。中国访美学者张宏生(2000)引用了哈佛大学 1880—1881 学年刊登的中文课程介绍,其中写道:"该学年每学期每天都有中国官话课程。学生在该学年里的任何时候都可以修学中文课，但是最好在学期开始时参加。每天1小时跟随老师学习，2至3小时自学，这将是取得满意进展必需的。”通过这份课程介绍读者可以看到，当年哈佛大学的汉语学生每天都可以见到老师，每天都获得新知，也有时间复习和预习。这种细水长流、循序渐进的模式，也被证明是行之有效的。这种模式如今在哈佛大学仍在实行。其实不仅在哈佛大学，在美国众多大学中，初级和中级汉语课基本上都是每周五天，一天一节课，以保证学生日日练习，天天进步。

哈佛大学请来戈鲲化开设汉语课，容闳先生对此事也是欣喜若狂，因此他给予了大力支持。因初级阶段选汉语课的人寥寥无几，容闳就要求他所监管的一名留学哈佛的中国学生选修汉语课。这个学生就是14岁便随容闳来美留学的浙江定海人丁崇吉（高宗鲁1982）。除此之外，容闳还恳求自己的好友卫三畏帮助戈鲲化适应哈佛的教学环境。卫三畏深知戈鲲化初来乍到，语言不通，情况不明，在哈佛开创汉语课程十分艰难，所以对他给予了必要的支持。除了交流教法与教材之外，卫三畏还送给了戈鲲化一本英汉词典，帮助他查阅不懂的生词。这本英汉词典大大方便了戈鲲化初到哈佛时的工作和生活。感激万分的戈鲲化赋诗一首，赠予远在耶鲁的同行：

皇都春日丽，偏爱水云乡。
绛帐遥相设，叨分凿壁光。

诗人戈鲲化感叹自己远在他乡，终于遇到一个同行。二人惺惺相惜，分别在哈佛和耶鲁教授汉语。他感谢卫三畏给自己送来的雪中炭、及时雨，给昏暗中摸索的自己送来了光明。相信他们这一中一洋两位汉语教学同人如果能够继续多多交流，在艰辛的创业阶段抱团取暖，一定能迸发出更多智慧的火花，为美国汉语教学事业留下更多的瑰宝。

谁知命运多舛，病魔降临到正在为传播中国语言文化而孜孜不倦工作的戈鲲化身上。根据张宏生（2000）的介绍，1882年2月戈鲲化突然染上了重感冒，转成肺炎，不治身亡，年仅44岁。戈鲲化的英年早逝是美国汉语教学史上的巨大遗憾。

正如前文所述，地处美国东部的耶鲁大学及哈佛大学，此时已经开启了汉语教学。而在地理位置上与中国最近的西部地区，却还没有一所大学开设汉语课。1896年，位于西部的加州大学（今天的加州大学伯克利分校）请来了第一位汉语教师——英国人傅兰雅（John Fryer，1839—1928）。

根据戴吉礼（2010）的介绍，傅兰雅1839年出生于英国肯特郡（Kent），1861年受教会选派到香港圣保罗书院（St. Paul's College，Hongkong）任院长，1863年在北京同文馆教授英文，同时跟中国人学习汉语。自1868年起傅兰雅在江南制造局翻译馆任专职翻译，把西方科技书籍译成中文，供中国人学习。1876年傅兰雅自费出版了中文杂志《格致汇编》，向中国传播化学、物理等自然科学知识，起到了科学启蒙的作用。傅兰雅的贡献得到了清政府的高度认可，被授予三品官衔。根据戴吉礼(2010)的记载，清朝洋务运动的重臣曾国藩亲笔给傅兰雅赠诗如下：

声名盖南汤，电火亮萤虫。

这对傅兰雅已经是极高的褒奖了，但傅兰雅在翻译馆的中国籍同人仍认为不够。他们在傅兰雅回国之际修改了曾国藩的诗句，作为临别赠言送给了傅兰雅。根据孙邦华(1993)的研究，傅兰雅的同人将曾国藩的原诗改为：

君名远迈南与汤，好似电火胜荧光。

也有人说这是曾国藩的公子曾纪泽给傅兰雅纸扇上题的诗句。这件事情至今没有定论，因为没有人发表过两幅赠诗的照片。孰是孰非无关紧要，还是留给读者自己去判断吧，但是由此可以确定当时中国人对傅兰雅是推崇之至的。在曾国藩等人看来，傅兰雅在中国的三十多年里，翻译了三十多本科学著作，把大量西方科学知识介绍给中国人，他的名望已经远远超过了明末清初的南怀仁和汤若望，他们把傅兰雅比作普罗米修斯，他给中国的洋务运动带来了光明与希望。

执教加州大学时，傅兰雅开设了中国历史、中日语言、中日对外贸易、中日宗教和哲学、中国古典文学、中国古典汉语、中国官话等课程，最后在该校成立了东方语言与文学系。傅兰雅还给加州大学带来了两千多本自己多年在中国收集到的珍贵图书，后来全部捐给了学校，奠定了加州大学东亚图书馆的基础，从而使加州大学发展成为美国西部东亚研究的重镇。

笔者曾经突发奇想，如果当年戈鲲化没有去世，与傅兰雅在美国汉语教学年会上相遇，他这个穿着顶戴花翎的五品同知会如何谒见三品番台大人？这在当时的美国会是一个怎样的情景呢？

随着时间的推移，慢慢又有一些美国的大学开始设置汉语课程。其中，位于美国中西部地区的芝加哥大学，其汉语课程的发展与转变具有相当的代表性。1936 年，芝加哥大学决定开设汉语课程，并把这一重任交到了本校培养的顾理雅(Herrlee Glessner Creel，1905—1994)博士的肩上。

顾理雅于 1905 年生于芝加哥，本科及研究生都是在芝加哥大学读的。1929 年顾理雅在芝加哥大学获得中国哲学博士学位，后在哈佛燕京书院等地做了六七年的汉学研究，发表了多部研究中国哲学、宗教、文学的著作，是一个成绩斐然的汉学家。因为自己首先是一个汉学家，顾理雅选择使用的汉语课本不是《三字经》《千字文》《百家姓》等汉语蒙书，而是《孝经》《论语》《孟子》等代表中国传统文化思想的著作。顾理雅采用其独创的归纳法(inductive method)，把这三本书编成了上、中、下三册汉语书，即《归纳法中文文言课本——孝经》《归纳法中文文言课本——论语》《归纳法中文文言课本——孟子》。芝加哥大学汉语部的王友琴(2009)是这样介绍《归纳法中文文言课本——孝经》的："《孝经》有1799个字，其中只有388个是不同的。从这388个字开始，要求学生充分理解每个字的起源和意义。他还用有限的字编写了大量练习用的句子，帮助学生理解语法。其教学要点在于学会字义和语法，从而掌握整个语言的规律。"

这就是顾理雅老先生使用的归纳法。他希望学生通过对单个字的理解、对句子的使用，能学会自己归纳汉语语言的使用规律，从而达到一通百通的效果。虽然用归纳法学文言文能够培养学生的阅读理解能力，能够帮助学生通过中文原文研究中国文化历史，但是这种教学方法及所用教材不能培养学生的口语会话和书面写作能力。学生虽然能够读懂古典原著，但是既不能开口用汉语交流，也不能提笔写什么像样的文章。他们只能在四书五经的故纸堆中沉醉于对历史的依恋。

无论如何，顾理雅老先生是芝大历史上第一个教汉语的老师。他创造的归纳法，对于汉语教学，特别是针对成年人的汉语教学，至今仍有一定的意义。

二　战时发展阶段

1941年爆发了太平洋战争，日本人落在珍珠港的炸弹唤醒了芝大沉湎于故纸堆中的师生。他们意识到，不能只在古文中咬文嚼字，而要学习现代汉语。因为只有学习现代汉语，才能看懂中国的时文报纸，才能理解中国的时事政治，才能与美国的战争盟友中国军民进行直接交流。芝大的师生通力合作，出版了现代汉语课本《报纸中文》(*Newspaper Chinese by Inductive Method*)。虽然使用的方法仍然是顾老先生的归纳法，但是课文内容改成了从当时报纸里剪辑出来的文章。这一举动彻底改变了汉语课堂只读懂文言文的现状，取而代之的是现代汉语，并注重口头交流。这是美国汉语教学发展中的根本转变，具有重大的历史意义。

1942年又是美国汉语教学历史一个重要的转折点。这一年的9月，为了给军队快速培养人才，美国政府批准了陆军特别训练班项目。美国军旅史学家路易斯·吉佛(Louis E. Keefer, 1926—2007)于1995年在《陆军历史》(*Army History*)期刊上发表专文，回忆陆军特别训练班的始末。陆军特别训练班的英文原名是Army Specialized Training Program，缩写为ASTP。1942年美国政府责成227所大学立即成立ASTP项目，在工程、医学、心理学、外语等方面培训军事人员。中国战区对美军极其重要，所以有二十多所大学成立了ASTP汉语项目。由于汉语的特殊性，军方规定汉语特训班的学员需要完成三个学期的强化学习，每个学期11周。一个学期合格结束以后休息一周，然后接着上第二个学期。学员每周需要上15个小时以上的汉语课，然后根据本校的条件再上若干小时的文化课，其目的是既要让学员学会说汉语，又要让学员了解中国的社会情况。

根据彭靖(2018)的研究，芝加哥大学的ASTP汉语项目在二十多所大学中是最早的一个。顾理雅教授与中国学者邓嗣禹教授把这个项目命名为“中国语言文史特别训练班”。军人学员们的强化训练不仅包括每周17个小时的汉语课，还包括若干小时的地域研究。也就是说，军人学员不仅要学习汉语，同时也要了解中国的历史文化和地理地貌，以便与中国的抗日军民沟通。前文所提到的，由芝加哥大学出版的《报纸中文》便成了特别训练班的主要教材。

此时，作为美国历史上第一个开设汉语课程的耶鲁大学，自然也不甘落后。在接到政府的命令之后，耶鲁大学立即成立了远东语文学院，专门培训ASTP项目的军人学员。学院负责人是美国人金守拙(George A. Kennedy，1901—1960)教授，合作伙伴是中国学者房兆楹教授。他们使用的教材是金守拙教授编写的汉语课本《中文口语》(*Speak Chinese*)。为了提高学生的会话能力，房兆楹教授在此课本的基础之上，又编写出了《华语对话》(*Chinese Dialogue*)。通过使用这两本教材，耶鲁大学陆军汉语特训班培养出了一大批能说流利汉语的军人学员。

作为美国大学里的龙头老大，哈佛大学也于1942年建立了哈佛陆军汉语特训班，培养懂现代汉语的军事人员。哈佛大学特意聘请到负有盛名的语言大师赵元任担纲，完全使用新式的教学方法，以适应新形势的发展及需求。

应聘到哈佛以后，赵元任在汉语教学中制定了两个基本原则：一是教材一定要选自真实的生活语料，即当今报纸、现代小说等；二是课堂上直接使用口语句型练习，即通过句型的演练，让学生开口讲话。通过问与答，让学生讨论与生活学习相关的话题。根据这样的教学原则，赵元任特别编写了一套实用教材。经过在特训班的反复试用，赵元任后来把这套教材编辑成书出版，这就是具有划时代意义的课本《国语入门》(*Mandarin Primer*)。

与之前的教材相比，1948年出版的这本《国语入门》不是一本教汉字的教材，而是一本教口语的教材，其主要目的是让学生开口说汉语。在不认识汉字的情况下，军人学员们借助书里的国语罗马也可以练习说汉语。国语罗马是一套拼音方案，是由林语堂、赵元任等人于1928年在中国发明的。国语罗马最大的特点是完全使用拉丁字母，但是与今天我们所熟悉的汉语拼音不同的是，它没有表示声调的符号，而是通过变化字母的拼法来表示不同的声调。譬如第一声的“妈”拼写成mha，第二声的“麻”拼写成ma，第三声的“马”拼写成maa，第四声的“骂”拼写成mah，轻声则是在辅音前面加上一个小点。请看下面汉字、汉语拼音和国语罗马三者的比较：

汉　　字：	妈	麻	马	骂	轻声
汉语拼音：	mā	má	mǎ	mà	ma
国语罗马：	mha	ma	maa	mah	.ma

笔者1991年在普林斯顿大学汉语部工作的时候，曾使用过国语罗马，发现它在帮助学生掌握声调上确实有独到之处，但其缺点是表示声调的规则比较复杂，学生难以掌握，所以没有得到大面积的推广。

赵元任的教材及教法，使特训班里的学员在短期内掌握了听说的技能，奔赴中国，走上了中美联合抗日的战场，为战争的胜利作出了巨大的贡献。他所设定的这两个基本原则，至今还被一代代的后人所继承和尊崇，而《国语入门》也成了美国汉语教材的一部经典。

特训班开办以后，军方发现他们急需能用英文教授中国文化的专家。美国国务院于是立即向中国国民政府发出信函，邀请中国学者来美国特训班做报告，让军方学员了解中国的政治、经济、地理、历史、宗教等文化知识。中国国民政府立即配合，派出胡适、费孝通、金岳霖等三十几名学者。他们在美国各个大学的特训班做为期一年的巡回讲学，为帮助军队学员了解中国文化发挥了重要作用。

1942年到1944年的两年时间里，美国二十多所大学的陆军汉语特训班培养了上千名会说汉语的军事人员。他们被分配到了各个部队，为抗战的胜利作出了巨大贡献。陆军特训班虽然只运作了两年，但是在笔者看来，它的意义是重大的，总结起来有如下几点：

1. 特训班的成立大大推动了美国汉语教学的发展，很多学校因此从无到有创立了汉语项目，并且延续了下来。

2. 特训班彻底改变了美国汉语教学的内容、方法和目的，从以往单纯的翻译文言文，到用对话的形式教授现代汉语，让学生能够开口用汉语对话交流。

3. 特训班确定了培养全面人才的思路。学员不仅要学习对象国的语言，而且要了解对象国的文化，既要会说话，又要懂社会背景知识。

4. 特训班为短期强化语言教学走出了一条新路，如今闻名遐迩的明德暑期中文学校、普林斯顿北京暑期中文班，就是沿袭这一模式而创造出来的。

5. 特训班当时成型的教材，如《报纸中文》《中文口语》《华语对话》《国语入门》，给今天美国的汉语教材树立了典范，引导了实用、简洁加大量练习的新思路。

6. 特训班树立了中美联合办学的好榜样，既聘用了美国本土的学者，也从中国请来学者助阵，可谓是珠联璧合，相辅相成。

7. 特训班缩短了学制，从学期制改为学季制，即把一年两个学期细分成四个学季。如今美国仍然有相当数量的大学采用短学期，一年分成秋天、冬天、春天、夏天四个学季，时长与特训班完全一样，每个学季只有11周。笔者所任教的美国西北大学就是如此。

20 世纪 40 年代，在中国抗击日本帝国主义侵略的战场上，与中国军民并肩战斗的，不仅有来自加拿大的国际主义战士白求恩，还有相当数量的美国军人。他们不仅送来了大量急需的战略物资，还帮助中国搜集分析情报。他们当中的一位就是牟复礼(Frederick W. Mote，1922—2005)，一名由赵元任所在的哈佛陆军汉语特训班培训出来的学生。

牟复礼生于 1922 年，21 岁时他刚上大学一年级，就被送往陆军汉语特训班接受速成培训。在抗战高潮时期的 1944 年，牟复礼来到中国，先后在成都、北京、天津、张家口等地担任美军情报官员。通过与中国人的大量接触，牟复礼意识到只有通过口头反复练习，才能掌握汉语，仅仅通过书本学习是不够的。战争结束后，牟复礼从军中退役，进入金陵大学(1952 年与南京大学合并)深造，主攻中国历史。其间他与同窗青年学者陈大端等人结成了志同道合的好朋友。1950 年牟复礼回到美国，在西雅图华盛顿大学攻读汉学博士学位。1956 年牟复礼受聘于普林斯顿大学，教授汉语课程，后来又担当起成立普林斯顿大学东亚系的重任。

三　战略竞争阶段

1957 年苏联斯普特尼克 1 号卫星(Sputnik I)成功进入太空，环绕地球运行。苏联在科学上的突破，大大刺激了美国政府向外国学习和推广外语的热情。美国国会于 1958 年通过"国防教育法"，该法案将汉语与其他五门外语一起定为关乎国家安全的关键性语言(critical language)，号召有能力的院校积极办学。普林斯顿大学为了响应政府的号召，发展和扩大了本校的汉语项目。1959 年时任普林斯顿大学汉语部主任的牟复礼，把当年金陵大学的同窗好友，当时正在印第安纳大学撰写博士论文的陈大端，请到普林斯顿大学来助阵。

陈大端的到来使普林斯顿大学的汉语教学有了一个质的飞跃。通过在中美两国的学习和实践，牟复礼与陈大端为该校的汉语教学制定了三项基本原则，即通过大量的情景对话练习使学生能够开口讲话，通过讨论来教授阅读和写作，以及通过现代汉语教授古典汉语。在这三项基本原则的引领下，普林斯顿大学的汉语教学在美国汉语界独领风骚，培养出了一批批优秀的学生。时至今日，由牟复礼、陈大端两位老先生所制定的这三项基本原则，一直被后人所遵从。

"国防教育法"的通过也大大推动了美国汉语教材的推陈出新。为了培养既能听说又能读写的汉语人才，学者们意识到需要在《国语入门》的基础上编写出更实用、更全面的教材。于是，从 1963 年开始，一套由耶鲁大学出版社出版、德范克(John DeFrancis，

1911—2009)教授编写的"德范克系列"教材陆续问世,如《初级汉语课本》等。根据陈东东(2013)的调查,这是美国第一套使用简体汉字及汉语拼音的教材,分上、中、下三个等级,共十二册。当时许多美国大学的汉语课堂都使用这套教材。笔者1993年刚刚从普林斯顿大学到西北大学汉语部任职,当时由系主任指定使用的教材就是"德范克系列"。这套书虽然早已发黄,但是使用起来还是相当容易上手,特别是在短文阅读方面。它的独到之处在于,仅使用少量的生词就编写出大量的阅读短文。通过在不同情景下对本课生词的反复使用,让学生能够快速地认识汉字。梁霞(2020)认为这是一套"字本位"的教材,笔者基本上是同意的。

1966年中国风云突变,"文化大革命"的风潮席卷了中国大地。那段时间中美之间的交流降至零点,再也没有美国人能够像卫三畏、牟复礼那样到中国学习汉语了。为了在美国创造一个学说汉语的环境,明德学院(Middlebury College)校长阿姆斯特朗(James I. Armstrong, 1919—2013)特地找到他在普林斯顿大学的老朋友牟复礼,请他推荐一个人来帮助建立明德大学暑期汉语学校(Summer Chinese School)。

明德大学是美国东部一所著名的文理大学。该校的外语教学非常成功,其暑期外语学校在全美更是闻名遐迩。该校早在1915年就成立了暑期德文学校,随后又陆续成立了其他语种的暑期学校。当时为了解决缺少汉语学习环境的问题,明德大学决定增设暑期汉语学校。知人善任的普林斯顿大学汉语部主任牟复礼向阿姆斯特朗校长推荐陈大端来担此重任。

根据在普林斯顿制定的汉语教学三项基本原则,陈大端给明德暑期汉语学校设计了第一年的课程,聘请了第一任校长,招收了第一批学生,聘请了第一批老师。按照普林斯顿大学汉语部的模式,明德暑期汉语学校于1966年6月中旬开学了。这是一个全封闭的汉语学习环境,所有学生在进校时都要签署语言誓约,保证在校的两个月期间无论任何情况都只说汉语,不说英语。每个年级的汉语课程都分成大班课和小班课。上午八点至十点是大班课,每班学生15人,由一位具有丰富经验的老师主讲句法和课文大意,回答学生问题,引领学生讨论。十点至十二点开始小班上课,每班只有学生5人。在小班课上,老师负责把大班课上介绍的句法和生词融入恰当的语境当中,组织学生反反复复地演练,直至每一个同学都能熟练使用为止。中午师生同桌吃饭。下午是个别谈话时间,每位学生有一次单独跟老师谈话的机会。按照排好的时间表,每个学生有15分钟的时间,可以向老师提问,也可以跟老师讨论某一话题。下午学生还可以根据自己的兴趣参加各种与中国文化相关的文体活动。在这种沉浸式的教学模式下,学生一天24小时都生活在纯汉语的环境里面。两个月以后,每个学生的汉语水平都将有突飞猛进的提高。多年的实践证明,在明德暑期学校两个月的学习效果,几乎可以与一般大学一个学年的效果相媲美。

陈大端除了主持普林斯顿大学的汉语教学以外，一直负责着明德暑期汉语学校的建设与发展，甚至一度担任明德暑期汉语学校的校长。随着岁月的流逝，普大和明德这两副担子让已经不再年轻的陈大端感到心有余而力不足，不得不考虑寻找合适的接班人了。这时，他把目光投向了周质平，一位正在印第安纳大学攻读博士学位的青年学者。

周质平教授确实没有辜负陈大端先生的期望，自从接过普大和明德汉语教学的大旗之后，他遵循整体沉浸式和情景教学的方法，精讲多练，严格改错，纠正发音，使普大及明德的汉语教学又上了一个新的台阶。无论是在普大还是在明德，周质平教授都十分重视教师队伍的培养与管理。他非常清楚，再合理的教学理念，再先进的教学技术，离开了教师的具体实施，都无从谈起。所以每位教师在聘用之前都要通过周质平先生的严格面试。在开课之前，还安排有经验的教学组长对新教师进行岗前培训；在任教过程当中，新老教师之间要长期互相听课，然后交流经验，商讨改进的办法。老师们的示范课还要录像以供其他同事批评指正。看完教学录像后，同事们坐在一起讨论，比如哪一个环节做得好，哪一个环节做得不够好，如何改进，等等。

改革开放以来，中国国内的办学环境较“文化大革命”期间有了巨大的改善。周质平教授敏锐地意识到了这一时机，他认为应该利用中国丰富的文化及语言资源，到中国去办学，办一个具有美国特色的暑期汉语班。1993 年夏，普林斯顿大学北京中文班（Princeton in Beijing Program，简称“普北班”）正式成立，在北京师范大学的校园里开课。这意味着美国的汉语教学由美国本土延伸到了海外，来到了中国。在遵循明德暑期汉语学校基本教学原则的同时，普北班充分利用北京的人文资源及语言环境，在课上让学生学习严谨规范的语言，在课下让学生接触丰富多彩的社会，使学生每时每刻都像海绵吸水一样吸收着中国语言和文化。在八个星期的时间里，学生每天都有五六个小时的汉语课和一次一对一的个别谈话。在课外，普北班还邀请各个领域的文人雅士来给学生做报告，让学生有机会与中国的著名学者直接对话。普北班周末还安排学生参观旅游，组织参加各种各样的文化活动及社会调查，使学生学到了很多在美国校园里很难学到的东西。

汉语教材的编写，是周质平教授对汉语教学的另一个贡献。他编写出版了一系列现代汉语教材，多达二十本。超强的实用性是普林斯顿系列教材的特点，课文中讨论的话题直接涉及学生的生活和当时的社会热点问题，从而创造出了很大的讨论空间。无论是低年级的教材，还是高年级的教材，都能引起学生的思考和辩论。[①]

笔者曾经参与明德暑期汉语学校、普大汉语部、普北班的工作，不仅使用过普林斯顿系列教材，还有幸受到周质平教授的当面教诲，受益匪浅。周质平教授在美国汉语教学界辛勤耕耘近四十年之后，终于在2021年退休了。在一次业内同人的聚会上，笔者乘兴填词一首，当众朗读，送给周质平教授。现摘录如下：

江城子

贺周质平教授荣退

2021年6月

周老聊发壮年狂，集贤堂，慨而慷，舌战群儒试看孰当强。

承续先贤融要粹，编教本，誉弘扬。

明德普北育秧忙，发苍苍，又何妨，提携晚辈后浪接前浪。

引导杏坛寻正路，著宏论，看周郎。

上面的这一首江城子，高度概括总结了周质平教授对美国汉语教学作出的突出贡献。

四　科研升华阶段

20世纪80年代以来，每年都有很多中国学生到美国留学。他们当中有很多以语言学、教育学、亚洲研究、中国文学为专业。凭着自身的汉语语言基础及新掌握的专业知识，他们很多人毕业后留美，在大学里教授汉语课程。与战时特训班的前辈汉语教师相比，这批学者中英文俱佳，适应能力和科研能力都很强。近年来，这些当年的青年学者已经进入了事业的鼎盛时期，并且在各自学校的汉语部挑起了大梁，使美国的汉语教学上升到了一个新的高度。他们当中的佼佼者有斯坦福大学的孙朝奋教授、休斯敦大学的温晓虹教授、威斯康星大学麦迪逊分校的张洪明教授等。

1. 孙朝奋

孙朝奋教授1984年进入康奈尔大学攻读语言学博士，1988年获得语言学博士学位后，先是在威斯康星大学麦迪逊分校担任中国语言学助理教授，后来受聘于斯坦福大学，教授语言学。除了语言学以外，孙朝奋教授还教过不同级别的汉语课程和中国文化课程。孙朝奋于1991年在斯坦福大学被评为终身教授，并且曾经担任过该校亚洲语言文学系主任。孙朝奋教授在历史语言学、功能语言学等领域发表了多部著作。著有*Word-Order Change and Grammaticalization in the History of Chinese*（Stanford University Press，1996）、*Chinese：A Linguistic Introduction*（Cambridge University Press，2006）。除了学术专著以外，孙朝奋教授还在多种中英文学术刊物上发表了数十篇论文，在学界产生了相当大的影响，是这一代学者中的领跑者。

2. 温晓虹

温晓虹教授曾经是北京语言大学的才女，目前是休斯敦大学应用语言学及汉语习得专业的教授,并且负责该校的中国研究项目。温晓虹教授早年也曾在明德汉语暑校任教,接受过严格的教学培训,积累了丰富的教学经验。温晓虹教授在第二语言习得理论方面做了大量调查研究,著有《汉语作为外语的习得研究——理论基础与课堂实践》(北京大学出版社,2008)及《汉语作为第二语言的习得与教学》(北京大学出版社,2012)等。近年来主编了三部著作,最近的两部是 *Studies on Learning and Teaching Chinese as a Second Language* (Routledge,2019) 和 *The Acquisition of Chinese as a First and Second Language* (MDPI,2021)。她的学术论文,特别是关于汉语外语学习动机研究的一系列论文,在全球性期刊中被大量引用;她所构建的汉语学习动机测量表在英语、西班牙语、阿拉伯语、汉语等二语研究中被广泛采用。除此之外,温晓虹教授发表了 40 多篇学术论文,以量性与质性分析方法研究了汉语二语语法习得、中介语语用发展、学习者背景与汉语学习之关系、外语学习动机等,是美国及世界范围内应用语言学及第二语言习得方面公认的专家。

3. 张洪明

张洪明教授在复旦大学中文系分别获得学士学位(1981)和硕士学位(1984),在复旦大学执教三年后赴美留学,1992 年获加州大学圣迭戈分校语言学博士学位,现任威斯康星大学麦迪逊分校中文及语言学教授。他的研究方向是韵律学、音系与语法的界面关系、语言演变、诗律学、第二语言习得等。张洪明教授学术成果颇丰,与他人主编有《语言理论与语文教学》(香港教育学院出版社,2003)、《文学和语言的界面研究》(南开大学出版社,2008),与他人合著《永明诗律研究》(南开大学出版社,2015),著有 *Syntax-Phonology Interface: Argumentation from Tone Sandhi in Chinese Dialects* (Routledge,2017)、*Prosodic Studies: Challenges and Prospects* (Routledge,2019) 等。此外还发表了相当数量的学术论文。除了各类语言学课程以外,张洪明教授还教过从初级到高级的几乎所有汉语课程。张洪明教授长期担任威斯康星大学中文项目及博士班的主要负责人,为保持威斯康星大学在美国汉语教学界的领先地位作出了突出的贡献。2022 年,张洪明教授转任澳门科技大学讲座教授,并担任该校国际学院院长和大学教育发展中心总监,负责校际交流及国际合作,在新的岗位继续推动汉语教学国际化。

上述三位代表人物都是在中国读完大学本科,因而具有坚实的汉语语言功底,然后又在美国大学深造,获得语言学的博士学位,从而掌握了西方的科研方法,了解和熟悉西方语言习得的理论。经过多年的教学实践及实地考察,他们发表了大量的论文,出版了多部专题著作,创立了各自的科研、教学理论。他们从教学实践中总结归纳教学理论,然后再使用理论来指导教学实践。他们在科研方面甚至已经超过了他们的前辈。目前在美国的汉语教学界,孙朝奋、温晓虹、张洪明这一辈学者正在起着中流砥柱的作用。

五　普及推广阶段

21世纪以来，美国的汉语教学得到了广泛普及，几乎所有大学都开设了汉语课。除了大学之外，其他领域也开始增设汉语课程。不少美国中小学开设了汉语课程。以芝加哥公立学区为例，21世纪以前，整个学区几乎没有什么汉语项目，而目前全学区已经有五十多所中小学开设了汉语课程，汉语学生有六千多人，其中有相当数量的高中还开设了AP中文课程。2008年芝加哥北郊的格兰溪高中决定开设汉语课程，邀请笔者帮助他们做课程设计。因为临时找不到合适的老师，笔者只好利用大学教学的课余时间代课。谁知一代就代了四年，直到把一个班30名学生从高一教到高中毕业，最后送到大学。这一届学生当中的两位，竟然考上了西北大学，他们自然而然地接着上了大学中高级别的汉语课程。

美国学生除了周一至周五可以在学校里学习汉语，周末还可以上中文学校。美国总共有四百万华裔。在众多的市镇，只要有一定数量的华人，他们就会成立一所中文学校，让孩子们从小学习汉语，维系中国文化。中文学校的场地一般都是中小学周末空闲下来的教室，甚至是社区的健身中心，或者是华人教堂。每逢周末，华裔家长从四面八方把孩子送到中文学校学汉语。中文学校的孩子最小的五岁，最大的十四五岁。来中文学校学习汉语的大部分是华裔子弟，但也有少部分是当地的美国儿童，甚至还有一些是美国家庭从中国领养来的孩子。一般情况下，他们一个星期上三个小时的汉语课，然后再上一个小时的中华文化课，譬如书法、绘画、舞蹈、武术、音乐等。在这里，华裔儿童不仅学习了汉语，同时也保持了对中华文化的认同。当孩子们在上汉语课的时候，华裔父母们聚在一起跳舞、练太极拳、打篮球、切磋厨艺，中文学校成了美国华人联系的纽带。这样的周末中文学校在美国比比皆是，仅在芝加哥地区就有十几所。笔者曾经义务在芝加哥北郊的一所中文学校担任了八年的校长，自己的女儿也从五岁就开始在这所学校学汉语，直到上高中。这所学校叫"希林中文学校"，取自希望之林的意思。

21世纪以来，汉语不仅在美国的大学、中小学和周末中文学校得到普及，甚至也在大学附近的社区得到普及。普渡大学就是这样一个典范。春节期间，汉语教师们到大学教职工幼儿园教孩子们做剪纸，画熊猫，用毛笔写"春"字，跟孩子们一起欢度中国春节。春天，汉语教师们开办旅游汉语班，帮助即将去中国旅游的社区人士学习实用口语，使他们能够直接与中国民众接触交谈。旅游汉语课大受欢迎，比如有一期，原本计划招收15人，但实际参加人数竟达39人。暑假期间，汉语教师为中小学生组织中华文化夏令营，安排孩子们学中国功夫，做中国游戏，让孩子们在欢声笑语中享受中华文化。金秋九月，汉语教师们到社区敬老院慰问退休老人，为他们带去中国民族舞蹈和古筝表演，让这些从未去过中国的老人,在自己的养老院里欣赏优美的中国艺术。所以在一些有条件的社区,汉语被普及到了千家万户。

在这一阶段,汉语教学从大学普及到了中小学、周末中文学校和社区。众所周知,普及汉语需要大量的汉语师资。那么,这些师资是从哪里来的呢?总结起来,师资来源主要包括如下四个方面:

1.来自中国大陆的院校

中国大陆院校是这些汉语教师最主要的来源。随着国力的逐渐增强,中国在帮助推动美国汉语教学方面有了更大的投入。每年都有成百上千的汉语教师和由相关专业学生担任的志愿者,在北京语言大学、北京大学、南开大学等地接受培训。经过培训之后,汉语教师和志愿者应邀来到美国的大中小学,甚至社区,大大普及了当地的汉语教学。

2.来自中国港台地区的院校

香港、台湾地区的院校也给美国汉语教学送来了不少汉语教师,其中比较著名的有香港中文大学、香港大学、台湾师范大学、台湾大学等。这类汉语教师在美国各个学校都占有相当的比例。以美国西北大学为例,汉语部现有八名汉语教师,其中三位是港台同胞,五位是大陆同胞。西北大学与台湾大学签有校际合作协议,在西北大学需要的情况下,台湾大学愿意向西北大学派遣汉语教师和硕士研究生,也愿意同西北大学交换学生,进行学术交流。

3.来自美国本土的院校

汉语师资的第三个来源是美国本土。无论是来自中国大陆的汉语教师,还是来自中国港台地区的汉语教师,他们中的大多数都需要在美国院校取得语言学或者教育学的学位,然后受聘于美国各个汉语项目。21世纪以来,美国已经有相当数量的大学设立了汉语教学的硕士学位项目,甚至博士学位项目。比较著名的有威斯康星大学、哥伦比亚大学、俄亥俄州立大学、艾奥瓦大学、明德大学暑期硕士培训班。这些美国院校为普及美国的汉语教学,源源不断地培养出了大批师资。

4.来自美国在华汉语项目

汉语教师的第四个来源是美国在华暑期汉语项目。这些项目每年暑期聘用大量当地的汉语教师。这些教师大多在中国的大学里获得了对外汉语教学的硕士学位,甚至博士学位。开班以前,他们在暑期班接受严格的岗前培训。在教学的过程中,他们又接受了经验丰富的老教师的言传身教。每天他们都要观摩学习教学组长的大课,教学组长也常常来他们的班听课和指导。经过两个月的教学实践培训,他们积累了相当多的教美国学生汉语的宝贵经验。他们当中的一些佼佼者被聘任到美国大学教书。这样的项目有普林斯顿大学北京中文班、哥伦比亚大学在华暑期班、哈佛大学北京暑期班等。

与历史上前四个阶段的汉语教学相比,这一阶段的汉语教学有如下四个特点:

1.学生汉语水平起点越来越高

美国中小学大面积开设汉语课程,使学生能够更早地接触汉语,对他们掌握发音,提高口语能力,培养学习汉语的兴趣都非常有益。中小学汉语课程的普及,将给美国大学的汉语教学带来两个变化:一个是大学里面学习汉语的学生人数逐渐增加,因为在中小学开始学汉语的学生,上大学后通常还会继续学汉语;另一个变化是零起点的大学生将会逐渐减少,而直接进入中高级水平学习的大学生会逐渐增多,大学生汉语水平的起点越来越高。

2.非华裔学生比例越来越高

大学阶段学汉语的学生,非华裔学生的比例逐渐上升,华裔学生比例逐渐下降。大学里学生自己决定选修什么外语,而中学生是由校方决定哪个年级或者班级学习汉语。在一个开设了汉语课的中学,很有可能某个班级,或者某个年级的所有学生都要学习汉语,这其中非华裔学生当然占绝大多数。众多非华裔学生从中学开始学习汉语,到大学以后也自然而然地继续学习汉语,所以他们提高了非华裔学生学习汉语的比例。

3.汉语教材越来越本土化

随着汉语教学在美国的逐步普及,教材的需求量也就随之加大。一套了解美国学生的需求,适合美国学制,配有音像及练习的本土教材,在这个背景下应运而生了。这就是姚道中教授、刘月华教授等人合作编写的《中文听说读写》(*Integrated Chinese*)(Yao et al., 1997)。这套教材一经问世,就得到了业界的青睐,特别是受到教授初级和学生中级汉语的教师的欢迎。笔者目前在西北大学教的华裔学生中级汉语,使用的课本就是《中文听说读写》。这套教材的最大特点是考虑到了美国学校教学的特点,比如,每天一个小时课程所能涵盖的内容,一个学期所能够涵盖的内容,都考虑在内。每一册书都配有影视光盘或者影视链接。除了课本以外,每册书的练习、练习答案、课件、考题、考题答案,以及辅助影视材料,一应俱全,由使用该书的教师们源源不断地分享到网站上,供大家参考。其售后服务可以说是空前绝后,举世无双。因为以上的原因,这套教材受到了大家的欢迎,占有了美国初级和中级汉语教材60%的份额(梁霞2020)。这套教材被大面积选用,说明美国的汉语教材越来越本土化了。

4.网络教学越来越普及

21世纪以来,网络远程教学为普及汉语教学作出了重大贡献。汉语课程通过视频传送到了比较偏远的地区。有的学生因为实习或者工作的原因,不能按时上课,而网络远程教学可以让学生在自己方便的时间观看教学录像,完成学习的任务。2020年突然暴发的新冠疫情更是推动了网络教学,一夜之间几乎所有的课程都变成了网课,当然也包括汉语课。相信在未来的后疫情时代里,网络教学也会起着重要的作用。如何通过网络教学进一步普及汉语学习,保证教学质量,与学生有效互动,准确测验学生的真实水平,这些都成了当今面临的新课题。

随着汉语教学在美国各个领域的普及,一代代年轻汉语教师涌入,他们为美国的汉语教学事业带来了新鲜血液。但不可否认,美国的汉语教学在课程设置、教材编写、人员配备、师资培训、网络教学及专业设置等方面,也面临新的问题、挑战和机遇。美国的汉语教学事业依然任重而道远。

六　总结归纳

纵观历史,美国建国虽然不过200余年,但是其汉语教学却拥有140多年的发展历程。姚道中、姚张光天(2010)把美国汉语教学历史分成19世纪、20世纪、21世纪前十年三个阶段,并对"未来"(2010年以后)的汉语教学趋势作出了分析。在此基础之上,笔者试图把美国汉语教学历史分得更加细致一些,因此分为前述五个阶段,分别为:

第一阶段:萌芽创业

自从1877年耶鲁大学聘任第一位中国语言文学教授以来,汉语教师多为从中国回来的欧美传教士,他们在美国大学里教授汉学,同时兼教汉语。因为目的是通商和传教,所以当时在美国的院校里除了教清廷官话,也教广东话和南京话等方言,所教的文字主要选自古典汉语文学作品。此阶段汉语教学发展缓慢,学生人数不多,总共不过百人。因此这段时期可以称为汉语教学的萌芽创业阶段,领军人物为卫三畏、傅兰雅教授。

第二阶段:战时发展

1941年珍珠港事件爆发以后,美国在中国战区投入了大量的人力、物力,急需懂汉语的军事人才。于是军方在芝加哥大学、哈佛大学等二十几所学校成立了陆军特别训练班,以培训学员在短期内学会说现代汉语为目的。因为需要立竿见影的教学效果,所以教师只帮助学生学习与战争有关的汉语口语,并不注重书面阅读。二战结束以后,中美关系一直比较紧张。随后的中国内战、朝鲜战争、越南战争等,都使美国的汉语教学染上了战争色彩。因此这一阶段可以称为战时发展阶段,领军人物为顾理雅、赵元任教授。

第三阶段:战略竞争

1957年苏联科技领域的成功大大刺激了美国向外国学习的积极性,而相关的外语则显得至关重要。认识到学习外语的重要性以后,美国国会通过法案,汉语被定为对国家安全至关重要的六种关键语言之一。这一时期的汉语教学界领军人物意识到学习汉语不可急于求成,而需要扎扎实实打好基础,练好四声,学会写作。由于这个原因,学生得以在听说读写译各个方面全面发展。这一阶段汉语学生数量较比以前也有所上升,在万人以上。由于这时汉语被定为“对国家安全至关重要”的关键语言之一，所以这一阶段可以称为战略竞争阶段，领军人物为陈大端、周质平教授。

第四阶段：科研升华

这一阶段中国改革开放已经取得了巨大成就，美国大学生学习汉语的热情空前高涨，人数从过去的一万增加到四万多人。这一阶段一大批中国学生来美国大学攻读语言学等相关专业的博士学位。他们中很多人来美之前已经获得了汉语学士甚至硕士学位，具有坚实的汉语言专业基础。留学期间又熟悉了西方多种外语习得理论，了解了丰富的教学方法，接触了先进的教学科技，掌握了先进的研究方法。这些青年学者获得博士学位后，充实到了美国各个院校汉语教学的第一线。他们利用在中美两国掌握的专业语言知识及外语习得理论，近年来发表了大量专著，成为科研领域的主力军。因此这一阶段可以称为科研升华阶段，领军人物为孙朝奋、温晓虹、张洪明教授等。

第五阶段：普及推广

2004年以来，一批又一批由中国选派的汉语教师及志愿者教师来到美国。他们均在国内获得了对外汉语教学的学士学位或者硕士学位，有些教师已经积累了相当的教学经验。他们不仅在美国的大学教授汉语，而且在中小学，甚至在社区机构教授各种汉语课程，比如商业汉语、旅游汉语、理疗汉语等课程。美国一些院校每年也培养相当数量的汉语教学硕士及博士。一些美国在华的汉语项目也从中国吸收汉语教师参加到本校的汉语项目中来。这些新生力量在美国大大普及了汉语的学习，所以这一阶段可以称为普及推广阶段。

美国汉语教学发展的这五个历史阶段环环相扣。这五个阶段里的五代人息息相关，一代影响着一代，一代引领着一代，一代又超越了一代。希望新生代们能够珍惜老一辈积累下来的宝贵经验，从中汲取教训，少走弯路，使老一辈的优良教学传统得以传承。

自从开始汉语教学以来，美国汉语教学历史发展的每一步都与中国有着千丝万缕的联系。是从中国回来的传教士卫三畏于1877年在耶鲁大学开启了美国汉语教学的先河，也是从中国来的汉语教师戈鲲化于1879年创立了哈佛大学汉语项目。20世纪40年代至70年代中国又给美国送来了赵元任、陈大端、周质平等汉语教学界的领军人物，70年代至90年代中国的改革开放给美国送来了孙朝奋、温晓虹、张洪明、刘乐宁、白建华、何宝璋、李恺、袁芳远、王友琴、梁霞、印京华、俞志强、朱永平、冯禹、陶红印、沈禾玲、柯传仁、陈彤、李智强、储诚志、刘金、李可宁等一批汉语教学及科研的中流砥柱。2004年以后，中国又给美国的汉语教学送来了大批汉语教师及志愿者。希望在新人辈出的未来，新的教学方法得以发展，新的教学技术得以研发，新的教材得以出版，继续谱写美国汉语教学历史的辉煌。

注 释

① 详情请参看顾利程(2019)、梁霞(2020)。

参考文献

陈东东(2013)汉语在美国的传播历史——纪念美国中文教学界三位巨匠,《汉语国际传播研究》第 2 期,16—27 页。

戴吉礼(Dagenais, F.)主编(2010)《傅兰雅档案》,广西师范大学出版社。

高宗鲁译注(1982)《中国幼童留美史》,台北华欣文化事业中心。

顾长声(2005)《从马礼逊到司徒雷登:来华新传教士评传》,上海书店出版社。

顾 钧(2002)卫三畏与《中国总论》,《汉学研究通讯》第 3 期,12—16 页。

顾理雅(1938a)《归纳法中文文言课本——孝经》,芝加哥大学出版社。

顾理雅(1938b)《归纳法中文文言课本——论语》,芝加哥大学出版社。

顾理雅(1938c)《归纳法中文文言课本——孟子》,芝加哥大学出版社。

顾理雅(1943)《报纸中文》,芝加哥大学出版社。

顾利程(2019)《美国汉语教学动态研究》,北京语言大学出版社。

孔陈焱(2010)《卫三畏与美国汉学研究》,上海辞书出版社。

梁 霞(2020)《美国大学汉语教育研究》,北京语言大学出版社。

彭 靖(2018)《尘封的历史:汉学先驱邓嗣禹和他的师友们》,美国壹嘉出版社。

孙邦华(1993)论傅兰雅在江南制造局译书及其影响,《中国文化研究所学报》新第二期,香港中文大学出版社。

王友琴(2009)芝加哥大学中文课程 73 年回顾,《国际汉语教育》第 4 期,1—8 页。

姚道中、姚张光天(2010)美国汉语教学历史回顾与现状,《北美中国学:研究概述与文献资源》(张海惠主编),773—784 页,中华书局。

张宏生(2000)《戈鲲化集》,江苏古籍出版社。

DeFrancis, J. (1963)初级汉语课本. New Haven: Yale University Press.

Keefer, L. E. (1995) Birth and death of the army specialized program. *Army History*, 33, 1—7.

Ling, V. (2018) *The Field of Chinese Language Education in the U. S.: A Retrospective of the 20th Century*. New York: Routledge.

Yao, T., Liu, Y., Ge, L., Chen, Y., Bi, N., Wang, X. & Shi, Y. (1997) *Integrated Chinese*. Boston: Cheng & Tsui Company.

作者简介

顾利程,美国西北大学教授,副校长办公室东亚事务联络官。Email:L-gu3@northwestern.edu。

筚路蓝缕　薪火相传*

——论普林斯顿大学中文项目奠基人牟复礼教授的历史贡献

梁　霞

美国华盛顿大学(圣路易斯)

提　要　本文通过对牟复礼教授为普林斯顿大学中文项目、关键语言项目、明德大学暑期中文学校以及中国语言学项目的建立过程的梳理，概括了牟复礼教授为美国中文教学领域的发展在教学实践、理论创新以及项目管理上所作出的开创性贡献。笔者认为，美国中文教学的发展成就是中国学领域众多学者，包括中文语言教师与中国学教授长期共同努力的结果；学科史的建立和完善是国际中文教育学科走向成熟的标志。鉴往而知来，将过往学者的历史贡献逐步发掘出来，并加以分析和研究，应会对今后中文教学事业的发展提供有借鉴意义的宝贵经验。

关键词　牟复礼　中文项目　中文教学　中文教师　历史贡献

一　引言

牟复礼(Frederick W. Mote，1922—2005)是20世纪美国著名汉学家、普林斯顿大学东亚系教授。作为东亚研究领域的一代巨擘，他不但发表了多部具有里程碑意义的学术专著[①]，如《诗人高启(1336—1374年)》[*The Poet Kao Ch'i(1336—1374)*]、《中国思想之渊源》(*Intellectual Foundations of China*)、《书法与古籍》(*Calligraphy and the East Asian Book*)、《剑桥中国明代史——1368—1644年》(上、下卷)[*The Cambridge History of China*, *Volume 7*: *The Ming Dynasty*, *1368—1644* (Part 1 & Part 2)]、《中华帝国：900—1800》(*Imperial China*: *900—1800*)等，还翻译了萧公权的《中国政治思想史》第

* 本文材料主要来自 Mote(2010)、Princeton University(2005)、陆扬(2019)。

一卷(远古到六朝)(Hsiao, K. C., *A History of Chinese Political Thought, Volume 1: From the Beginnings to the Sixth Century AD*),并发表了个人回忆录《二十世纪的中国与中国史界》(*China and the Vocation of History in the Twentieth Century: A Personal Memoir*)等。他在中国学研究的诸多方面都作出了卓越的贡献,是少数几位为将美国的中国学与东亚研究发展成为一个成熟的、高标准的学术领域作出杰出贡献的先驱人物之一(Princeton University 2005)。但本文关注的重点主要不是其学术研究的成就,而是希望通过对牟复礼建立普林斯顿大学东亚研究系(下称“东亚系”),特别是中文项目,以及协助创建后来极负盛名的明德大学暑期中文学校(Middlebury Summer Chinese School)这一过程的梳理,回顾他作为现代美国中文教育的奠基人为学科的建立和发展作出的开创性贡献。

牟复礼于1922年6月2日出生于内布拉斯加州普莱恩维尤(Plainfield),家中排行第四。大萧条期间,他随家人移居老家丹佛,并在那里接受了早期教育,1940年毕业于丹佛的市南高中。1943年加入美国陆军,并被送往哈佛大学参加陆军汉语特训班,学习中文和中国历史文化。在赵元任和杨联陞等著名学者的指导下,他开始钻研中文并取得了很大的进步。1944年作为战略服务办公室的士官被派往中国服役,直到1946年早期调回美国。同年4月他离开军队,并被哈佛大学录取。最初他打算在哈佛完成本科学业,然而由于中国对他极具吸引力,不久他就决定离开美国并于1946年底返回上海。经过一系列的汉语面试和笔试,终被金陵大学(1952年与南京大学合并)录取,由此跻身于第一批在该大学攻读本科学位的西方人。

大学期间,他专攻明清史。著名历史学家、台湾“中央研究院”院士王崇武将他收入门下,王崇武是当时为数不多的愿意教授外国学生的知名学者之一。1948年牟复礼获得金陵大学学士学位,成为可能是有史以来第一位在中国大学获得学士学位的西方人。在南京期间,他认识了对他的未来生涯产生重大影响的两个人:他的妻子陈效兰和他的大学同学、挚友兼同事陈大端。作为福布莱特计划(Fulbright Program)的研究员,牟复礼曾于1948年至1949年在南京和北京继续深造。1950年2月,他与陈效兰在南京结婚,随后携妻返美。

二　为建立普林斯顿大学中文项目与明德大学暑期中文学校付出的努力

返美之后,牟复礼在西雅图华盛顿大学继续深造并于1954年取得汉学博士学位。1954年至1955年他在台湾大学从事博士后研究,1955年到欧洲汉学中心——荷兰莱顿大学担任福布莱特交流讲师,1956年应聘普林斯顿大学,担任预聘助理教授。彼时普林斯顿大学只有东方系,虽然有教授零散地开设过一些诸如中国艺术、中国政治以及中国社会方面的课程，但这些教授的专攻并不在中国研究方面。1959年牟复礼获终身教职(tenure)并晋升为副教授；1963年晋升为正教授。他为中文项目所做贡献我们谨从以下四个方面加以论述。

第一，在普林斯顿大学同时开设中国历史和中文语言课程的尝试与普林斯顿中文教学模式的初步形成。

1957年牟复礼开始教授一年级中文语言课程，同时教授明史。普林斯顿大学的中文语言课程与内容型、知识型中国学研究课程(content courses)同时创办起来。次年始有学生要求升入中文二年级，系里同意再雇用一位教授，此人不必是专攻语言学专业的，这样该教授在讲授中文语言课程的同时还可以教授其他专业课。牟复礼当年金陵大学的老同学陈大端当时正在印第安纳大学攻读历史学博士学位，并已完成了所有课程。因陈大端会讲流利的普通话，在印大学习期间曾担任过助教并有一些中文教学经验，所以就应聘普林斯顿大学，开始了他的全职中文教学生涯。

刚到普大，因为教学方法复杂，还涉及罗马拼音，陈大端不知如何教授赵元任风格的普通话入门课。牟复礼向他详细展示了中文课的授课方法，1959年至1960年间，他们两人合教一门中文课，已升为终身教授的牟复礼讲授语法及语言知识，陈大端来听课观摩，然后就牟复礼讲述的内容进行课堂操练。这种教学模式就是赵元任于二战期间在陆军特训班采用的战争教学法。之后陈大端开始独立承担教学工作。1961年至1962年牟复礼休假时，陈大端全面负责普大语言教学项目。此后牟复礼继续参加高年级的阅读课教学或在陈大端休假时偶尔教授中文入门课程，虽然那时牟复礼已升为教授了。陈大端热爱中文教学并对工作极其认真负责，相对减少了在历史研究上花费的时间和精力，潜心钻研中文教学。在两位教授的共同努力下，普大中文项目得以持续发展壮大。

后来唐海涛、袁乃瑛夫妇加盟普大中文项目，唐海涛有良好的历史语言学、语音学和汉语语法知识；袁乃瑛长于文言文教学。20世纪七八十年代起，周质平和林培瑞两位教授继续秉持将语言教学与文学以及历史教学相结合的优良传统，坚持由取得了终身教职的教授引领中文语言教学，从而保持了普大中文教学特有的理想，将其发展到了高峰。(Mote 2010,245—246)

普林斯顿中文项目自建立之日起，就十分强调语言教学与文化、文学教学的结合。中文语言教师除了教授语言课之外，都另有自己的专业，都是汉学或者中国学的研究专家；换言之，语言教师的教学是建立在对中国文学与文化深入钻研的基础之上的，二者结合紧密。有教授头衔的老师都坚持从事最基础的语言教学工作，这是普林斯顿大学一直保持着的中文教学传统。这一传统的建立与牟复礼教授的中文语言教学理念以及长期的实践紧密相关，也是普大中文项目长期为业界翘楚的重要条件之一。

第二,关键语言项目的建立与普林斯顿中文项目广泛影响的形成。

卡内基公司(Carnegie Corporation)自20世纪60年代中期起在全美范围内增加了对具有战略意义的语言的教学和研究方面的投入,出资建立了普林斯顿大学"关键语言项目"(Critical Language Program)。该项目把没有条件在自己所在大学学习中文、日文、俄文以及其他关键语言的美国本科生带到普林斯顿度过"海外留学年",通常是大三时,他们在普大参加语言和区域研究课程的学习,然后再参加暑期强化项目的学习。由于该计划不限制申请人的性别,因此将首批女本科生带入了普大。这些学生既有学习外语的才能,又有学习的热情,关键语言项目造就了一批日后在东亚研究等领域作出重要贡献的学者。(Mote 2010,247—248)60年代中期以前,普林斯顿大学作为男校,从未招收过女生。关键语言项目的建立,使女生开始有机会从外校来普大"留学",从而推动了普大男女合校的发展。这大概是牟教授在申请项目经费时所始料未及的吧。

关键语言项目的建立,使普林斯顿大学在某种程度上成为全美中文教育与学习的中心,吸引了众多在自己学校没有中文项目的学子前来"留学",从而对美国高校中文教学产生了深远的整体性影响。对此,牟复礼教授功不可没。

第三,明德大学暑期中文项目的建立与普林斯顿—明德中文教学模式的形成。

20世纪60年代中期,普林斯顿大学古典学教授兼研究生院副院长James I. Armstrong去明德大学担任校长一职。牟复礼1956年至1961年间曾与之是隔壁邻居和好友。作为明德校长,Armstrong决定将中文,随后还有日文,纳入原本已享有盛誉的明德语言学校。他主动找牟复礼商议中文暑校的创建和师资配备问题,牟复礼推荐陈大端协助建立明德暑期中文学校。1966年明德暑期中文学校正式开班,其后陈大端曾多次担任中文暑校负责人,在明德先后工作了十几个夏天,直到周质平教授于1983年接任主任一职。明德暑期中文学校与日文学校从开始就采用普林斯顿大学中日文教学的理念,即极力强调口语表达的准确;通过口语学习阅读以及通过现代汉语学习文言课程。明德暑校不但采用了普林斯顿大学的课程设计理念,而且还雇用了多名普林斯顿大学的教师到明德授课。

明德暑期中文学校在课程设计上与普大实现了"无缝对接"。例如,一位在普大完成一年级中文课的学生可以用一个夏天在明德完成第二年的中文学业,并为在普大三年级中文课程的学习做好准备。那些年,明德暑期中文学校与日文学校在业内获得了很高的声誉,这对普林斯顿和明德两所大学的声誉都产生了巨大的影响。这种紧密的合作关系一直持续到90年代初,1992年明德暑期日文学校结束了与普大东亚系的合作;1993年暑期中文学校也结束了与普大的合作。此时,周质平教授与日文的Seiichi Makino教授分别在中国和日本建立了暑期学校,以此取代了早期普大与明德的合作关系。

综上,牟复礼与普林斯顿中文项目积极参与了明德暑期中文学校的创建工作。时至今日，明德一直是美国本土最负盛名、规模最大、历史最长的暑期强化项目，它不但提供优质的语言强化课程，而且还建立了旨在培养中文师资的研究生暑期项目。普大与明德暑期项目的合作结束之后，在周质平教授等的带领和积极努力下，普林斯顿大学暑期中文项目在北京师范大学正式建立。虽然办学的地点和社会环境变了，但牟复礼开创的普林斯顿中文教学理念，一直延续到普林斯顿北京中文班（简称"普北班"），并在汉语的故乡——中国本土生根开花，逐渐产生了重要的影响。到2019年为止，普北班已培养大约4500名来自世界各地的中文学生，他们中的很多人已成为美国乃至世界多国与中文相关的教学、科研、外交、经贸等领域的中坚力量，为中外经贸和文化交流发挥着积极的作用。普北班还培训了2000名左右中文教师，这些教师如今已遍布世界各类学校，极大地提高了整个中文教学领域的质量，在海内外中文教学第一线发挥着积极的作用。普北班已成为美国乃至全球最负盛名的暑期在华中文语言培训项目。这与牟复礼教授早年的开创之功是分不开的。

第四，中国语言学项目的建立以及泽被后人的宝贵财富。

1966年，牟复礼在普林斯顿大学创建了中国语言学项目（Chinese Linguistics Program，CLP），该项目由福特基金会等提供了巨额资金。牟复礼在草拟项目说明，提交基金申请计划时非常具有前瞻性地指出："这不是因为我具有语言学方面的资格，而是因为我认为在该领域的理论前沿与语言教学实践之间应保持密切的关系。"（Mote 2010，249）该项目最初旨在探索理论语言学的问题以帮助培训中国（后来还有日本）语言学家，前后曾邀请了赵元任、李方桂，以及当时年轻一代语言学家，如梅祖麟和Mantaro Hashimoto（后成为普林斯顿大学日文教授）等人到普大从事研究工作。该项目拥有一个常驻学者计划，这些在普大从事语言学研究的学者定期举行研究座谈会和学术年会。中国语言学项目早期的成果包括1967年至1972年间不定期发布的项目通讯[②]共约十期，以通讯的形式交流中国语言学领域的学术成果和会议信息等。牟复礼在开始几年任中国语言学项目名义上的负责人，Frank A. Kierman从1966年至1971年担任负责人。1968年普林斯顿大学东亚系正式建立，牟复礼的推动作用举足轻重。说牟复礼是普大东亚系之父，并不为过（陆扬 2019）。

牟复礼1970年前往西雅图工作两年，其间首先是日文教授Mantaro Hashimoto，然后是陈大端接任该项目主任一职直到1987年退休。此后，该项目一直由周质平教授负责。当年陈大端接任后，将关注的重点从理论语言学转移到了应用语言学方面，并投入大量时间和精力编写中文教材。现在，中国语言学项目的几种系列教材仍在全美乃至全球广泛使用。例如唐海涛、袁乃瑛夫妇合编的文言文系列教材《大学文言读本》《经子选读》《诗文选读》《史书选读》等；周质平教授等主编的系列教材（梁霞 2020，99－101）很多都是先以“中国语言学项目”的名义印刷使用，然后征集反馈意见、反复修改，最后由普林斯顿大学出版社等正式出版发行的。

牟复礼虽然不是专门从事中文语言教学的教授，但他始终坚持语言教学是中文项目的重要组成部分，认为发展中文项目是自己义不容辞的责任。他毕生不遗余力地推动中文语言教学的全面发展，为同代和后代学者创造良好的教学环境，为业界树立了中文教学拓荒者和领导者的光辉榜样。

牟复礼教授认为：“普林斯顿大学东亚研究项目的发展史给后人留下了很多值得借鉴的经验。虽然从一开始就参与其中的学者们并不认为自己是创新者或理论家，但事实上，这些教授一直不受传统、资深人士和既定理论框架的束缚，他们设法以打破常规的方式来指导自身发展成为与众不同的项目。回顾过去，我相信我们大多数人不希望以常规的方式做事，尽管我们仍然对我们未能完成的某些工作感到遗憾，并希望我们的继任者能够在某些方面取得更大的成功，例如扩大东亚系的规模和课程设计。抛开这些问题，我想反思一下普林斯顿所经历的一切，相信这对目前和未来一定很有价值：开拓创新，敢为天下先，这是普林斯顿中文项目得以不断发展的指导思想。”（Mote 2010，253）

三　对中文教学与中文教师工作地位和意义的认识

牟复礼教授不但在实践上勇于创新、积极发展中文项目，而且还在理论上对中文教学以及中文教师的角色、地位进行了详细的论述。他的主要观点可概括为以下几个方面。

第一，对语言教学活动的认识。牟复礼指出，语言教学必须处于整个教学与科研活动的中心。牟复礼认为应不折不扣地要求所有学生尽早、快速、全面地学习现代汉语和古代汉语。为此他们创立了夏季强化课程、海外中心、五年制本科课程；组织学生出国学习，让学生从事论文研究和高级研究；新生入学前先进入普林斯顿大学参加夏季课程；强调语言培训的中心作用；等等。通过上述方式，保持一种外语的环境氛围，在这种氛围里，采用汉语或日语给学生做演讲，并且吸引其他能听懂这些语言的听众。强调使用现代汉语和日语来教授文学和古典语言（而不是用英语），并以各种方式将汉语作为本科生和研究生研讨会的工具。根据东亚语言的特点，牟复礼一再要求并最终获得学校高层行政部门的认可，允许东亚系语言操练课程教师数量在比例上超过现代欧洲语言。通常，学生们对参加暑期项目很感兴趣，他们为自己能被挑选到暑期学校或海外中心学习感到非常自豪。尽管其他东亚语言项目也对美国的中文教育事业作出了各自的贡献，但是普大东亚系多年来在整个汉语和日语研究领域（或许也包括韩语）得到了最广泛的认可则是不争的事实。奠定这样的地位显然不易，而长期保持这种地位更需要持之以恒的努力和创新。（Mote 2010，253—254）

第二，对语言教师学术地位的认定。牟复礼指出，专职语言教师必须被视为其所在大学的正式教师。有种观念认为"语言课程"应与"内容课程"区分开来并赋予其不同的价值，这意味着一种学术等级制度，也延续了教学上的误解。从形式上来讲，东亚系的教师们在一定程度上仍然被大学行政管理的某些部门强迫承认这一不幸概念的某些方面，因为它适用于教师和学分，但是实际上，东亚系比他所知的任何机构都更成功地努力绕过了这种观念。教师之间唯一的显著区别是能力强与能力较弱，精力充沛与否和有无奉献精神。课程之间的唯一区别在于课程是否尽可能为学生的教育作出最大贡献。其他所有都是无关紧要的。(Mote 2010，254)

时至今日，美国的中文教学与牟复礼教授任职时相比，虽已有了迅速的发展，但有些大学仍然没有设立语言教师的长期职位，大多数学校"语言课程"和"内容课程"依旧严重脱节。由此可见牟复礼教授在几十年前提出这样的主张是何等难能可贵，具有何等的超前意识！

第三，对语言教学与其他学科之间关系的认识。牟复礼教授指出，他本人一直努力超越学科领域的界限，而不是像人们经常做的那样，将研究过去和现在的，人文和社会科学的，研究"中国""日本"和"韩国"的，或者 "亚洲内部"的作专业领域的区分。他希望学生们能够认识到所有学科方向之间的相互关联。他期望有历史、宗教和哲学背景的学生学习文学和艺术，艺术史学的学生研究社会和政治历史，当代研究的学生了解学科过去与现在的不同，以及让研究早期时代的学生认识到他们的领域对于理解当代艺术的意义。这意味着要避免使用时髦的行话来代替深入的理解。这意味着老师通常(理想情况下)指导阅读研究(通常作为"第二读者"或"指导老师")要有助于东亚各个领域的研究，而不只局限于他们个人的专业。总之，普大东亚系已经建立了一个知识和学习的社区，其中东亚研究各方向之间可以互相分享其研究成果。(Mote 2010，255)

第四，对整个东亚研究领域的认识。牟复礼教授强调了对中国、日本以及整个东亚文明研究重要性的认识，希望东亚项目能够与其他系共同促进对东亚现代和当代研究的全面发展。虽然其覆盖范围至今仍差强人意，但是他相信东亚系仍然要承担对东亚文明传统阶段的研究的更大的责任，因为在美国乃至整个西方的所有大学中，东亚研究仍然是最薄弱的学科之一。就中国而言，普林斯顿大学已具备西方世界中1300—1800年中国研究方面最好的图书馆和研究资源，并被公认为此段历史时期中国专业研究的首要基地。牟复礼因而认为，在一定程度上普大有义务在元、明、清初研究中保持强大的研究和教学阵容。(Mote 2010，255)

第五，强调建立语言教学—图书资料—文学与文化教学之间的紧密联系，打造教学与学术研究综合体的意义。牟复礼教授认为，东亚图书馆的存在一直是推动和维持普林斯顿东亚研究的主要动力之一。学术研究者往往希望图书馆像他们所要求的那样强大，但是当时东亚图书馆在其空间、人力和物力上都面临危机。在中国研究领域，图书馆在如何妥善保存珍贵的"善本"和"特殊藏书"这一问题上捉襟见肘。但牟复礼教授认为这一危机为图书馆的扩展和学校资源的重新分配提供了新的机遇，而这种机遇只有在教师主动提出要求积极争取时才能实现。因此不能被动地等待大学在资源分配上优先照顾东亚图书馆，并提供东亚研究者急需的支持。(Mote 2010,256)

四 小结

牟复礼教授以自己的教学实践使赵元任等开创的、在二战中形成的美国中文教学传统得以传承至今，又因其强大的行政领导力、理论创新精神以及其后辈周质平教授等的杰出贡献，形成了普林斯顿大学中文教学项目在全美范围广泛而深入的影响，从而长久地引领了美国中文教学发展的方向。

与牟复礼教授所处的时代相比，今天美国的中文教学领域已发生了巨大的变化。如高等院校选修汉语课的规模一度增加到了六七万人次，中文学习者的学习目的也发生了变化，以从事经贸交流、旅游、赴华工作为目的而学习中文的学生人数远超为了从事学术研究、当翻译等而学习中文的学生人数；全美有400多所大学开设了中文课程，这些课程涵盖了从零起点的初级班课程到五、六年级的以学习原文和专题讨论为主的高级班课程，还有服务于不同专业学生学习目的的商业中文、媒体中文、医学中文、法律中文、古代汉语等课程；相当多的大学采用了华裔学生与非华裔学生分开的双轨制教学体系；海外项目更加多样化，有常年班、学期班、暑期班、寒假班、实习班等；教材从总体上质量更高，更加多样化，一批适合不同院校、不同年级学生使用的教材陆续出版。

随着各校中文项目的扩大，教师的分工也日益细化，一般从事中文教学的都是专职教师，他们不再同时承担中国文学、中国历史等课程的教学任务，不像早年很多大学中文项目只有一位教师，需要身兼数职。与此同时，大家对语言教师工作的认识也发生了变化，很多人认为语言教师最重要的学术修养不是中国文史，甚至不是汉语本体知识(包括汉语语音、语法、修辞等)、语言学等，而是外语教学理论、教学法以及语言习得理论等，与汉语本体知识的关联不甚紧密了，还有些老师的专业是计算机辅助教学、心理学、教育管理等。从宏观上看，一方面是中文教师的平均学历越来越高；另一方面是教师的专业背景离中国文史越来越远，而与怎样教外语、包括怎样教中文越来越近。那么中文教学主要是方法的问题还是内容的问题？教师的基本修养具体应侧重哪些方面？等等，这些问题都是值得我们每位中文教师认真思考的。

历史的洪流奔腾向前，每代学者都有自己肩负的历史使命。今天我们仍旧面临着诸多挑战，如线上教学带来的挑战，学生学习方式变化（通过网络、视频学习越来越普遍，通过图书馆书籍材料学习越来越少）带来的挑战，对古典文学文化、人文学科感兴趣的学生越来越少带来的挑战，翻译工具的改善对中文教学内容和形式的变化带来的挑战，等等，对此我们都需要以牟复礼提出的跳出传统、积极创新的态度加以应对。回顾中文教学的发展历史并认识其重要性，不是为了沉溺于往昔，止步不前，而是为了思考如何在继承美国中文教学优良传统的同时，不断创新以追赶上时代的脚步。

注 释

①其中《书法与古籍》《剑桥中国明代史——1368—1644年》（上、下卷）为与他人合著。

②称为 *Chi-Lin*（"麒麟"），或《中国语言学项目和研讨会通讯》。

参考文献

梁　霞（2020）《美国大学汉语教育研究》，北京语言大学出版社。

陆　扬（2019）花前又见燕归迟——追忆牟复礼先生. https://www.sohu.com/a/357434572_611133.（访问日期：2021年12月25日）

Atwell, W. S. (2006) Frederick W. Mote 1922—2005. https://library.princeton.edu/eastasian/EALJ/atwell_william_s.ealj.v12.n01.p001.pdf.（访问日期：2022年7月7日）

Mote, F. W. (1979) *A History of Chinese Political Thought, Volume 1: From the Beginnings to the Sixth Century AD* (Hsiao, K. C.). Princeton: Princeton University Press.

Mote, F. W. (1988) *Intellectual Foundations of China*. New York: McGraw-Hill Higher Education.

Mote, F. W. (1999) *Imperial China: 900—1800*. Cambridge: Harvard University Press.

Mote, F. W. (2010) *China and the Vocation of History in the Twentieth Century: A Personal Memoir*. Princeton: Princeton University Press.

Mote, F. W. & Chu, H. L. (1989) *Calligraphy and the East Asian Book*. Boston: Shambhala Publications Inc.

Mote, F. W. & Twitchett, D. (1988) *The Cambridge History of China, Volume 7: The Ming Dynasty, 1368—1644* (Part 1 & Part 2). Cambridge: Cambridge University Press.

Princeton University (2005) Frederick Mote, key figure in advancing the study of China, dies. https://pr.princeton.edu/pwb/05/0321/2a.shtml.（访问日期：2021年12月25日）

作者简介

梁霞，美国华盛顿大学（圣路易斯）东亚系，教学教授，美国中文教师学会副会长。Email：xliang@wustl.edu。

如何更好地评估学生的口语互动表现

祝新华[1]　赵鹏飞[2]

1　香港理工大学中文及双语系　　2　香港教育大学中国语言学系

提　要　在国际第二语言教学环境中，口语互动研究已是如火如荼，而我国学界则仍少有涉及。但在高速发展的信息社会，有效的口语交际有助于人们获得信息、相互间协作、解决工作和生活中的实际问题（Smith & MacGregor 1992；Hargie 2011）。同时，在口语评估中，口语互动也是学生交际能力的核心要素之一。本文探讨如何更好地评估学生的口语互动表现问题，希望为汉语教学以及汉语作为第二语言的教学以及相关研究提供新思路。

关键词　口语互动　口语互动表现　口语互动策略　口语互动评估

一　区分不同层次的口语互动策略能力

策略能力最初被定义为学习者或应试者运用交际策略（Selinker 1972）处理交际过程中所遇到的问题的能力。1972 年，“交际能力”（communicative competence）由 Hymes 率先提出。他指出，交际能力指说话者根据交际情景恰当运用语言知识的能力（Hymes 1972）。具体来讲，说话者应清楚在何时、何地向何人说何内容，能够在语法、心理、社会文化和概率等方面作出正确的判断。Canale & Swain（1980）进而提出交际能力四因素：其一，语言能力，对语言本身的掌握，包括词汇、构词、构句、发音、拼写等语言特征和规则，是准确理解和表达话语字面意义所需要的基本能力；其二，社会语言能力，依据各种语境因素恰当地运用与理解适合于不同社会场合和环境的话语的能力；其三，语篇能力，合理地将语言形式与意义组织起来，构成各种不同体裁的前后连贯的口头或书面语境的能力；其四，策略能力，运用各种交际策略应付和解决由于外在条件或其他方面能力欠缺所导致的交际困难问题的能力。随后，Bachman（1990）也提出语言交际能力由语言能力、策略能力和心理生理机制三部分组成。后来，在 Cele-Murcia（2007）修正后的交际能力模型中，策略能力进一步得到延伸，包括一系列沟通、认知和元认知策略，帮助说话者进行意义协商、解决歧义，以及为其他能力提供支撑。以上框架都肯定了策略能力是交际能力的核心要素，有效的交际和互动离不开策略的使用，这也为口语互动研究提供了理论框架。

1.1 早期概念

策略能力往往从心理语言学视角(psycholinguistic perspective)和互动视角(interactive perspective)进行研究。心理语言学视角强调透过感知、计划和执行来解决自我表达问题。心理语言学策略可分为缩减策略(reduction strategy)和成就策略(achievement strategy)(Færch & Kasper 1984)。缩减策略是采取回避的行为,如为确保语言使用正确而避免运用一些自己不熟悉的句式。成就策略则是尝试找出替代的方法,以达成原来的沟通目标,如创造新词语(word coinage)、语际迁移(interlingual transfer)。

互动视角的口语策略,也称口语互动策略,其核心是意义协商(negotiation for meaning)(Færch & Kasper 1984)。这种协商指当对话双方不能共享必要的意义结构时,互相尝试达成一致的意义(Tarone 1980;Long 1983、1996),即相互理解。换言之,这一过程让对话者接受可理解性输入、产出可理解性输出,以及得到相应的反馈(Oliver 1998)。Long(1981)提出意义协商的四种具体体现:(1)说话者"理解检查"(comprehension checks),指说话者检查听话者是否理解自己所说话语;(2)听话者"确认检查"(confirmation checks),指听话者检查自己是否理解说话者的所说话语,通过提高声调、部分或全部重复对方所说内容来确认;(3)对话者提出"澄清要求"(clarification requests),指要求对话者解释澄清先前的话语,如提供新信息。概括地讲,早期研究认为口语互动主要指意义协商,必要时会要求对方澄清或自己作出澄清,以达到意义一致,注重信息的真实性和准确性。随着研究的不断深入,口语互动的内涵也得到不断丰富和发展。

1.2 近期发展

有学者认为互动视角下的口语策略更加侧重沟通的整体实际功能(Nakatani & Goh 2007),将口语互动作为独立概念从口语交际中剥离出来。Galaczi & Taylor(2018)将口语互动能力(interactional competence)划分为广义和狭义两个维度:广义的口语互动能力指学习者能够热情积极地投入对话,有目的、有意义地共同建构话语;狭义的口语互动能力指对话者积极地参加讨论,如依次发言、注意倾听、克服交际困难、使用肢体语言辅助表达等。这一定义使我们对口语互动能力的认知更加系统全面。基于此,我们认为口语互动有别于口语交际。口语交际是人们运用口头与体态语言等交际手段,相互交流信息、观点和情感的过程;而口语互动指听话者与说话者双向或多向轮流对话,共建话语,以达到准确理解、加深认识、互相影响等功能,对话者在讨论过程中能够基于他人的观点建构新知识和认知,阐述和维护自身立场,提出疑问并寻求新信息以解决分歧。确切来讲,口语互动是口语交际的一部分,是对说话者有更高要求的交际形式,因此越来越受到学者们的关注。

Celce-Murcia et al.(1995)分别从语言、对话任务以及非语言能力三个方面对互动能力做了较为明晰的区分，将互动能力进一步划分为：(1)行动能力，指在涉及互动的言语中表现的能力，如交换信息、表达意见与感受等；(2)会话能力，如开始或结束对话、提出或转换话题、插话等；(3)非言语或附属语言的能力，如眼神接触、手势等(Celce-Murcia et al. 1995; Celce-Murcia 2007)。Bejarano et al.(1997)以互动为焦点，基于课堂观察，提出两类策略：(1)调适互动(modified-interaction)策略，如检查理解、澄清、寻求帮助、提供协助、修正；(2)社交互动(social-interaction)策略，如详述，即通过举例等扩展话语单位、促进对话展开(facilitating flow of conversation)、使用具有促进作用的话语，鼓励对话持续下去；回应，即对同组成员提出的与内容有关的问题作出回应，回应可以是表达同意或不同意，询问对话者的意见，或寻求相关或更详细的信息；改述，即以自己的话语确认或澄清先前说话者所说的话。相似地，Riggenbach(1998) 也提出，“交际策略能力”具体可划分为：(1) 提出话轮；(2)维持话轮；(3) 得出话轮结果；(4) 回应；(5) 自我修正；(6) 确保听者理解；(7) 在发现交流障碍时，能立即修正；(8)使用补偿策略。其中第 4 至 8 项“策略能力”正是“口语互动”的具体体现。上述研究初步构建了口语互动概念，为后来口语互动研究提供了依据。

在口语评估中，有学者对口语互动在功能上进行区分。O'Sullivan et al.(2002)以交际能力为导向提出口语测试主要评估以下三种能力：(1)信息类功能(informational function)：提供个人的信息、表达观点、详细阐述、证明观点、对比、推敲、分段讲述、描述、总结；(2)互动性功能(interactional function)：赞同、反对、修正、询问观点、说服、会谈、协商意义；(3)互动管理(managing interaction)：启动、改变、互动。然而，口语互动不仅仅指对话双方能够互相理解会话含义，更需要在内容方面提出更高层次的要求。因此，我们认为，可以增加新的策略要求，如拓展性策略(elaborative strategy)。从认知能力角度看，拓展性策略强调评价、提出个人创意等，其目的在于在真实互动的基础上，主动交际，拓展深化内容，并赋予交际创新意义。由此，我们基于前人研究，归纳出三维度“口语互动能力框架”，其核心因素包括：(1)确保语言理解，建立沟通基础(如相关概念和对话背景)；检查、表明各方的理解情况；主动或要求对方澄清避免误听；及时纠正不正确的地方；(2)深化观点和内容，查询观点、寻求信息；赞同或反对对方的主张，并说明理由，试图让对方信服；及时修正某人的主张或观点；及时作出回应，消除互动障碍；(3)提出话题，推进互动过程；维持互动的向前进行，各尽其力(如让步)；话题调控，适时转换话题或寻找新话题；适时对会话作出总结等(祝新华 2012)。上述框架不单单关注语言能力，更多地考虑说话者的思维能力、自我创造性以及话题的宏观调控能力。它不仅仅涵盖信息的交互、理解以及修正这些低层次的交际能力，也包括推论、评价、创新等高层次的交际能力。

二 了解口语策略对口语互动表现的不同作用

Rao & Huang(2017)指出学习者运用语言学习策略能有效提升交际能力，并能增强学生的课堂积极性；并且通过阶段性的策略训练，学生的口语交际能力也可以得到显著提高(Nakatani 2005; Naughton 2006)。然而，也有研究者发现口语策略与口语成绩之间没有显著的相关性(Swain et al. 2009；Barkaoui et al. 2013)，甚至会对口语表现产生消极影响(Huang 2013)。可见，口语策略对口语互动表现的作用仍存在争议。在交际过程中，口语策略究竟有何作用？究竟是什么原因导致口语策略的不同效果？针对这些问题，我们将在本小节详细阐述。

2.1 心理语言策略对口语互动表现的作用

Barkaoui et al.(2013)通过对比学生在独立性口语测试和综合性口语测试中的策略表现后发现，两种任务中的策略使用整体上和口语成绩没有显著的相关，甚至出现部分口语策略对口语成绩具有负面作用，如交际策略和情感策略。同样的，Huang(2013) 的综合口语任务研究发现，整合策略和口语表现呈正相关关系，而认知策略和交际策略却和口语表现呈现负相关关系。也有学者通过研究策略之间的相关关系证实了口语策略的负面作用。Huang(2013) 在对比测试环境和非测试环境下学生口语策略中发现，口语策略之间存在不同程度的负相关关系，如情感策略与认知策略和元认知策略存在负相关，意味着当学生使用情感策略时，就会减少认知策略和元认知策略的使用频率。

此外，也有学者从语言水平变量出发探究口语策略的使用差异，结果发现低水平学习者倾向运用重复策略(repetition strategy)，而中等水平学习者更多使用音译(transliteration)、意义接近(semantic contiguity)和语码转换(code switching)等策略(Khanji 1996)，高水平学习者多运用意义接近和话题转换策略，更少使用心理策略(Gan et al. 2009)，如基于中介语的策略——泛化(generalization)和近似(approximation)(An & Nathalang 2010)。总的来讲，无论是从任务变量还是语言变量来看，多数研究发现使用心理策略对口语表现并没有显著的促进作用，甚至存在负面影响。虽然心理策略在一定程度上可以满足说话者的交际需求，但是未必能有效地促进对话。

2.2 互动策略对口语互动表现的作用

从上述研究还可以看出，互动策略对说话者的语言能力要求较高，但能更有效地促进交际活动顺利进行，这也恰恰从侧面印证了互动策略的积极作用。

有研究证实，在学科学习中，学生使用口语互动策略来推动问题的解决。Nattiv(1994)发现高水平学习者在学习小组中更多地作出解释来帮助低水平学习者解决问题。Leonard(2001) 也发现高水平学习者在数学学习中更多地使用表达观点、评价、分析和建议等策略来给予对方信息。在交际课堂中，口语互动策略的积极作用也同样得到证实。Nakatani(2005) 基于前人研究将策略分为两类：(1)成就策略(achievement strategy)，包括帮助寻找(help-seeking)、调控互动(modified interaction)、调控输出(modified output)、争取时间(time-gaining)、跟进并维持对话(conversation following up and maintenance)、独立解决问题(problem self-solving)；(2)缩减策略(reduction strategy)，包括信息舍弃(message abandonment)、基于母语(first-language-based)、基于中介语(interlanguage-based)、错误开头(false starts)。教学实验结果表明，实验组学生的成就策略使用频率显著提高，而缩减策略明显减少。同样，Naughton(2006) 也进一步佐证了互动策略的可教性和有效性。他发现进行教学实验后，实验组的互动策略使用能力都有不同程度的提高。

上述研究多数关注二语学习者的口语互动表现，从母语者和二语者的策略使用对比中，我们依然可以得到同样的结论(Long 1981；Oliver 1998；Iwashita 2001)。Oliver(1998)发现非母语学习者小组和母语者与非母语者小组具有相似的策略模式，更多地使用互动策略来帮助他们接受可理解性输入、产出可理解性输出、获得反馈等，提高互动的有效性。Iwashita(2001) 的研究也证实了这一结论：相比低水平非母语学习者与低水平非母语学习者小组和高水平(即母语者)与高水平非母语学习者小组，高水平非母语学习者与低水平非母语学习者组合的小组采用了较多的互动策略，如要求澄清、确认等。为进一步探究母语者内部的互动策略使用情况，Zhu et al. (2019a)考察了中小学生母语口语互动表现，表明高水平语言学习者会更多地使用互动策略来帮助理解和阐释，而中、低水平学习者则更少运用策略。其中，自己主动说想法、要求他人说想法、表明态度、澄清和肢体语言等五种策略在小学生群体中最为常用，对口语表现有 55.5%的预测作用。同样，Zhu et al. (2019b)还发现在综合小组讨论任务中，香港大学生主要运用主动参与、肢体语言、整合、澄清和情感策略来提高口语互动表现，其中整合和主动参与与口语表现具有显著关系；高水平学习者依然能够更多地运用互动策略来促进讨论。

总体来看，心理语言策略对口语表现具有消极作用，而口语互动策略的使用对口语表现则具有一定的促进作用，能显著预测学生的口语表现。究其原因，我们认为，心理策略主要用于克服由词汇等引起的认知障碍，对于延展观点等作用甚微，因此对整体口语表现的影响也相对较小；而口语互动策略更多地体现在观点的表达以及内容的延展上，能够直接影响对话者的口语质量。

三 重视口语互动评估标准的设计

除了区分不同层次的策略能力、厘清口语策略与口语互动的因果关系，我们还需要重视口语互动评估标准的设计，这样才能更好地评估学生的口语表现。

3.1 口语互动评估领域

语言互动是人类交际的重要方式。因此，语言互动能力考核在目前的听说评估中均有体现。欧洲理事会（Council of Europe 2001）制定了欧洲语言共同参考标准，即《欧洲语言共同参考框架：学习、教学、测试》（*Common European Framework of Reference for Languages*：*Learning*，*Teaching*，*Assessment*，简称CEFR）。CEFR提出了"语文活动与策略"，其中互动型活动与策略有"口语互动""面对面互动""人机互动沟通"和"互动策略"。美国外语教学学会（American Council for Teaching of Foreign Languages，简称ACTFL）提出的"国家外语学习标准"具体包括交际（Communications）、文化（Cultures）、贯通（Connections）、比较（Comparisons）、社区（Communities），简称"5C标准"。其中，交际包括面对面的、书面的和阅读的方式，是外语学习的核心内容；而文化、贯通、比较和社区为学习与评估提供语境。基于"5C标准"发展起来的美国大学先修课程（Advanced Placement，简称AP），评核内容包括交际型（interpersonal）、理解型（interpretive）、表达型（presentational）沟通，其中交际型沟通最能体现互动沟通能力。新加坡华文课程标准也把华文的教学分为听、说、读、写、互动等部分，突出互动的重要作用。由此可见，口语互动在国际上已得到广泛认可，在语言教学中具有重要作用，那么我们应该从哪些方面去评估和研究口语互动呢？

3.2 口语互动能力评估框架

Kasper(2006)基于Young & He(1998)及Young & Miller(2004)等提出的互动能力包括：(1)在有序事件的语境中理解与产出社交行为；(2)在有组织的交谈中应接话轮；(3)利用言语、体态语等多种符号学上的资源，形成行为、话轮，产生认识与感情；(4)修正在听说、理解时出现的问题；(5)通过有序组织、互动行为及符号学资源，共建社会与其他身份；(6)识别及形成活动之间的边界，包括由沟通到缺乏沟通的过渡，以及持续沟通中活动之间的过渡。

以上几种互动能力都将直接体现在对话者所采用的一系列交际行为中，即口语互动策略。这也为我们客观直接地研究学生的互动能力提供了可能。因此，我们结合前人研究，提出9种口语互动策略，为口语互动评估提供依据：

(1)自己主动说想法，在适当时（如自己有想法、别人都不说话）大胆、主动地说出自己的想法。

(2)要求他人说出想法,在适当时(如自己没有想法、想了解别人的想法、别人都不说话),大胆地鼓励或邀请别人说出想法,以促进交谈。

(3)表态赞同或反对,在聆听别人的想法后,通过点头、摇头或话语来明确表示自己的立场。需要时会说明赞同或反对的理由。

(4)修正错误,当发现别人或自己说错时(包括语言和观点),更正别人或进行自我修正。

(5)自行澄清与补充,在适当时(如别人持有疑惑或没听明白自己所说的内容、别人说得不全面、别人产生误解),补充说明或澄清。

(6)要求别人澄清与补充,在适当时(如没听清楚或不明白别人所说的内容),要求别人重复说话内容、减慢语速或补充说明。

(7)身体语言,在说话时会使用体态语来辅助内容表达,如眼神接触、手势、表情和身体姿势。

(8)管理话题,在适当时转换话题、提出新话题、纠正偏题、作出总结。

(9)善用语言,在说话时注意自己的发音、语调、语气和遣词造句是否正确恰当。

这些变量已在中国香港15所小学进行教学实验,取得了积极的教学效果,提高了学生的口语交际能力(祝新华等 2015)。上述的口语互动策略框架有以下三个创新点:其一,更加系统全面,涵盖社会文化、情感、语言和任务等多方面因素;其二,更加侧重学生的思维能力,如评价、讨论及创造力等;其三,综合二语语境下的互动策略研究,将互动策略引入汉语语境中,为汉语口语研究提供新思路。

四 采用多样的口语互动数据取样方法

正如上一小节所提到的,口语互动能力的研究主要聚焦于口语交际策略使用,因此搜集和识别交际策略数据至关重要。目前交际策略数据收集的方法可谓多样且丰富,主要有观察法、访谈法、策略问卷法等传统方法,也有其他新型研究方法,如讲故事法(story-telling)、对话分析法(conversation analysis)等。

观察法是根据一定的目的和计划,采用感官或者借助一定的科学仪器获得经验事实的研究方法。观察法按照不同的维度有不同的分类。按照是否借助仪器可分为直接观察和间接观察。直接观察指借助人的感官,直接对观察现象进行感知和描述;间接观察需要借助一定的仪器或者技术手段来进行观察,如利用摄像头拍摄。早期交际策略研究主要采用间接观察法,利用摄影技术记录受试者的口语交际过程,然后对录像进行观察并标记策略(Bejarano et al. 1997)。

访谈法被广泛应用于交际策略研究中,指针对研究问题通过交谈的方式对研究对象进行询问,进而搜集心理特征和行为数据。在口语互动研究中,访谈法往往不独立使用,而是和其他研究方法相结合,如间接观察法和回溯性访谈法相结合,探究受试者在互动过程中策略使用的心理过程,进一步分析内部原因;也有研究采用策略问卷法结合回溯性访谈法来进一步补充量化数据。例如,Zhu et al.(2019a) 采用访谈法对中小学生的口语互动策略的使用原因进行了调查。

策略问卷法指研究者采用策略量表对受试者的策略使用情况进行调查,主要获得所使用策略的类型和频率等数据。策略问卷法在口语互动中是主要的研究工具(Nakatani 2010)。首先,采用策略量表能够节省人力资源和宝贵的科研时间,效率高;其次,该方法可用于大规模取样,数据更加具有普遍性,有利于归纳总结出规律和模型;再者,策略量表能够较为全面地调查策略的使用情况,增加研究内容的广度;最后,策略量表所得的量化数据能够通过数据统计软件如 SPSS 和结构方程模型等进行统计计算,增强研究结果的科学性。然而,该方法也存在一定的弊端:它并不能揭示策略数据背后的深层次原因以及受试者和策略使用之间的内在联系,而且不能够真实地揭示对话者口语策略的使用情况。这些不足需要借助其他方法如访谈法来弥补。

除了以上传统的数据搜集方法外,也有研究者采用讲故事法来研究二语学习者的策略使用(Gullberg 2006)。他们让受试者对所看到的图画进行描述,然后对录音进行转写分析。也有研究者尝试采用新的研究视角和方法,如 Burch(2014) 采用对话分析法对二语学习者的对话进行交际策略研究。

但是目前研究所采用的研究方法具有单一性,导致数据来源较为单一,不能从多方面来解释客观现象。随着口语研究的不断深入,依靠单一方法获取研究数据似乎不能为研究现象提供强有力的数据支撑,不能全面揭示研究问题。因此,应综合使用多种研究方法,即混合方法研究(mixed methods research)以获得多维度的研究数据,为数据挖掘提供多种可能,最终更加全面地阐释现象和问题。混合方法研究是指混合了质性和量化两类研究方法、手段或概念的研究(Koskey et al. 2016),它是量化研究和质性研究在科学研究中结合并演化发展的产物(徐建平等 2019)。对于如何开展混合方法研究,Creswell(2010)提出四种类型混合设计:

(1)三角互证设计(triangulation mixed method design),指研究者在同一时间内,针对同一研究问题,采用相等比重的质性和量化方法进行研究,如采用两种不同方法对结果进行证实;

(2) 嵌入型设计(embedded mixed method design),是指以某一类型资料为主,另一类型资料为辅，如在一个量化研究中嵌入质性研究成分；

(3) 解释型设计(explanatory mixed method design)，是一种递进的方法设计，研究者先收集并分析量化数据，然后收集并分析质性数据，用于解释或扩展前一阶段的量化结果；

(4) 探索型设计(exploratory mixed method design)，当缺乏测量工具、难以确认变量，或缺少理论指导时，适合这一方法。如开发策略量表等研究，首先可通过质性研究方法收集数据，产生量表题目，经过预测筛选后形成问卷，进而通过问卷法对问卷的信度和效度进行检验。

由此可见，混合方法研究将质性方法和量化方法有机结合，互为补充，避免方法单一的不足，改善研究质量。

五　设计真实的口语互动任务

随着任务型教学、交际教学的兴起，语言教学更加注重任务情境。因此，以互动为导向设计口语任务具有实际意义，目的是提高学生的口语互动能力。以往的口语评估以单向沟通为主，如朗读短文、口头报告、看图说故事、个人短讲等，忽视了口语交际的互动性。双向或多向的口语互动任务可以更好地评估学生的实际沟通表现，进而提升口语互动能力。(祝新华 2016)对此，我们提出一些可参考的口语互动任务：

会话(interview)，指对话双方面对面谈话。近年来，新加坡华文口语评估改革体现了口语交际性发展趋势。(祝新华等 2015)如 PSLE 在 2006 年和 2010 年先后进行两次修订，在“看图说话”后增设“会话”项目。主考官提出一个和“看图说话”有关的话题，与应试者进行对话，考核其口语交际能力。(新加坡教育部课程规划署 2006)与此同时，修订后的新加坡 O 水准华文考试也将听说任务与口语交际整合，将“新闻话题”和“日常话题”合并为“对话”项目，更加注重考察学生的互动能力。以上都是考官与应试者面对面进行的考试，能够直接评估学生的实际口语能力。此外，美国 AP(口语)设置“人机对话”题型，要求学生参与对话并正确应对，以此来考核学生基本的口语交际能力。

信息差(information gap)任务，指在完成交互性任务时，应试者通过询问、聆听获取相关信息，补全缺少的信息(信息差)，最后完成信息交流的交际任务。该任务的特点是：学生关注信息本身而非语言形式，交流信息的目的在于达成交际目标(祝新华等 2015)。从互动对象来划分，信息差任务可分为两种：第一种是应试者之间的信息差任务，第二种是应试者与主考官之间的信息差任务。前者通常由两位应试者组成，每位应试者都掌握任务的部分信息，两人交流各自的信息，积极合作，最终才能完成交际任务。对于后者，如一套图片，主考官和应试者每人都分得几张，双方都要设法通过对话弄清楚对方手中的图片信息，积极合作，才能使交流顺利进行。主考官只是一个对话者，但会提供必要的信息。应试者为了完成任务需要补全信息，因此需要向主考官主动提问。

角色扮演，指主考官给应试者提供特定场景，应试者充当某一角色，并与其他角色扮演者进行交流，再现场景。角色扮演大致可分为两种类型：引导式角色扮演（guided role play）和开放式角色扮演（open-ended role play）。前者需要给应试者提供表演剧本，每个应试者担任剧本里的具体角色，熟悉台词后开始表演；后者不给应试者提供剧本，应试者可根据场景自由发挥。角色扮演不仅要求应试者表达要正确且流利，更要适当得体，符合场景中的话题和角色的要求。

辩论，是一项对口语能力要求较高的交际任务，综合运用陈述、对话、演讲、讨论、辩驳等多种形式，有时还可通过现场听众的回应来进行交流，以此考查学生的较高层次的口语交际能力。

以上不同形式的口语任务都旨在提升学生的口语互动能力，为口语教学与评估提供了参考。与此同时，在实际口语教学中，我们也应该注意以下几点。(1)实践与理论相配合。语言交际观重视实际的人际沟通，关注语言的社会功能，如让对方接受自己的观点，改变对方的行为。在重视语言交际能力的背景下，出现了交际语言教学（Communicative Language Teaching，简称 CLT）。随后，在交际语言教学的基础上，任务型语言教学（Task-based Language Teaching，简称 TBLT）产生并发展起来（Richards & Rodgers 1986）。两种教学方法摆脱了结构主义语言教学的局限，更加贴近真实的语言交际，具有综合性、真实性和互动性。由此可见，语言理论的一次次思潮与变革都会对语言教学实践产生根本影响。我们应顺应思想潮流，不断地更新教学理念，将教学实践与先进的语言学理论相结合，宏观上指导口语教学。(2)重视语言意义。Larsen-Freeman（2000）认为，交际语言教学最重要的特点是基于沟通开展各种教学活动，学生通过游戏、角色扮演和完成任务等各种交流活动来运用语言。因此，在交际过程中，学生要重视接收与传递真实的信息，重视语言所表达的意义，不仅要学习语言形式，更要学会在不同情境下有效地使用语言（郑树棠、卫乃兴 1996）。(3)创设真实情境。语言学习不仅仅局限于字词句的准确使用，更应关注真实语境中的语言运用。为学生提供真实的语言情境，让学生真实地进行交流，引导学生理解掌握、熟练运用语言策略（Canale & Swain 1980），而不是机械操练语言模式（Finocchiaro & Brumfit 1983，192－193）。(4)以学生为中心。无论是采用何种先进的教学法，学生始终都是课堂的"主人"，口语课堂都是以提高学生口语交际能力为宗旨的。因此教学设计与活动都要以学生为中心：第一，根据学生的实际水平设计活动的目标、主题、策略及过程；第二，确保学生平等的课堂参与权利；第三，因人制宜,为不同学生提供不同的交际平台,力争人人有适合自己特点的活动可参与。

参考文献

新加坡教育部课程规划署(2006)《小学华文课程标准(2007)》,新加坡教育部。

徐建平、张雪岩、胡　潼(2019)量化和质性研究的超越:混合方法研究类型及应用,《苏州大学学报(教育科学版)》第7期,50—59页。

郑树棠、卫乃兴(1996)关于大学英语课培养语言能力等情况的研究——大学英语教学现状研究之一,《外语界》第4期,17—23页。

祝新华(2012)口语互动的概念、能力与等级描述的探讨,《国际汉语教材的理念与教学实践研究:第十届国际汉语教学学术研讨会论文集》(徐为民、何文潮主编),221—227页,浙江大学出版社。

祝新华(2014)建构促进学习的语义聆听、说话与口语互动能力的评价体系,《华文学刊》第1期,1—21页。

祝新华(2016)《促进学习的听说评估》,人民教育出版社。

祝新华、廖　先、邬嬿妮、邬翠文(2015)《小学口语沟通教学与评估:理念与活动》,香港:香港理工大学中文及双语学系。(研究推广资料)

An, M. & Nathalang, S. (2010) Use of communication strategies by Chinese EFL learners. *Chinese Journal of Applied Linguistics*, 33(3), 110—125.

Bachman, L. (1990) *Fundamental Considerations in Language Testing*. Oxford: Oxford University Press.

Barkaoui, K., Brooks, L., Swain, M. & Lapkin, S. (2013) Test-takers' strategic behaviors in independent and integrated speaking tasks. *Applied Linguistics*, 34(3), 304—324.

Bejarano, Y., Levine, T., Olshtain, E. & Steiner, J. (1997) The skilled use of interaction strategies: Creating a framework for improved small-group communicative interaction in the language classroom. *System*, 25(2), 203—214.

Burch, A. R. (2014) Pursuing information: A conversation analytic perspective on communication strategies. *Language Learning*, 64(3), 651—684.

Canale, M. & Swain, M. (1980) Theoretical bases of communicative approaches to second language teaching and testing. *Applied Linguistics*, 1(1), 1—47.

Celce-Murcia, M. (2007) Rethinking the role of communicative competence in language teaching. In Alcón Soler, E. & Safont Jordà, M. P. (eds.). *Intercultural Language Use and Language Learning*, 41—57. Dordrecht: Springer Netherlands.

Celce-Murcia, M., Dörnyei, Z. & Thurrell, S. (1995) Communicative competence: A pedagogically motivated model with content specifications. *Issues in Applied linguistics*, 6(2), 5—35.

Council of Europe (2001) *Common European Framework of Reference for Languages: Learning,*

Teaching, *Assessment*. Cambridge: Cambridge University Press.

Creswell, J. W. (2010) Mapping the developing landscape of mixed methods research. In Tashakkori, A. & Teddlie, C. (eds.). *SAGE Handbook of Mixed Methods in Social & Behavioral Research*, 2nd edition, 61—86. Thousand Oaks: Sage.

Creswell, J. W., Plano Clark, V. L., Gutmann, M. L. & Hanson, W. E. (2003) Advanced mixed methods research designs. In Tashakkori, A. & Teddlie, C. (eds.). *Handbook of Mixed Methods in Social & Behavioral Research*, 161—196, Thousand Oaks: Sage.

Færch, C. & Kasper, G. (1984) Two ways of defining communication strategies. *Language Learning*, 34(1). 45—63.

Finocchiaro, M. & Brumfit, C. (1983) *The Functional-Notional Approach: From Theory to Practice*. Oxford: Oxford University Press.

Galaczi, E. & Taylor, L. (2018) Interactional competence: Conceptualisations, operationalisations, and outstanding questions. *Language Assessment Quarterly*, 15(3), 219—236.

Gan, Z., Davison, C. & Hamp-Lyons, L. (2009) Topic negotiation in peer group oral assessment situations: A conversation analytic approach. *Applied Linguistics*, 30(3), 315—334.

Gullberg, M. (2006) Handling discourse: Gestures, reference tracking, and communication strategies in early L2. *Language Learning*, 56(1), 155—196.

Hargie, O. (2011) *Skilled Interpersonal Communication: Research, Theory and Practice*, 5th edition. London and New York: Routledge.

Huang, H. T. D. (2016) Exploring strategy use in L2 speaking assessment. *System*, 63, 13—27.

Huang, L. S. (2013) Cognitive processes involved in performing the IELTS speaking test: Respondents' strategic behaviours in simulated testing and non-testing contexts. *IELTS Research Reports Online Series*, 1, 1—51.

Hymes, D. (1972) On communicative competence. In Pride, J. B. & Holmes, J. (eds.). *Sociolinguistics: Selected Readings*, 269—293. Harmondsworth: Penguin.

Iwashita, N. (2001) The effect of learner proficiency on interactional moves and modified output in nonnative-nonnative interaction in Japanese as a foreign language. *System*, 29(2), 267—287.

Kasper, G. (2006) Beyond repair: Conversation analysis as an approach to SLA. *AILA Review*, 19(1), 83—99.

Kasper, G. & Kellerman, E. (1997) *Communication Strategies: Psycholinguistic and Sociolinguistic Perspectives*. New York: Addison Wesley Longman.

Khanji, R. (1996) Two perspectives in analyzing communication strategies. *International Review of Applied Linguistics in Language Teaching*, 34(2), 144—154.

Koskey, K. L., Sondergeld, T. A., Stewart, V. C. & Pugh, K. J. (2016) Applying the mixed methods instrument development and construct validation process: The transformative experience questionnaire. *Journal of Mixed Methods Research*, 12(1), 95—122.

Larsen-Freeman, D. (2000) *Techniques and Principles in Language Teaching*, 2nd edition. Oxford: Oxford University Press.

Leonard, J. (2001) How group composition influenced the achievement of sixth-grade mathematics students. *Mathematical Thinking and Learning*, 3(2—3), 175—200.

Long, M. H. (1981) Input, interaction, and second-language acquisition. *Annals of the New York Academy of Sciences*, 379(1), 259—278.

Long, M. H. (1983) Linguistic and conversational adjustments to non-native speakers. *Studies in Second Language Acquisition*, 5(2), 177—193.

Long, M. H. (1996) The role of the linguistic environment in second language acquisition. In Ritchie, W. C. & Bhatia, T. K. (eds.). *Handbook of Second Language Acquisition*, 413—468. New York: Academic Press.

Nakatani, Y. (2005) The effects of awareness-raising training on oral communication strategy use. *The Modern Language Journal*, 89(1), 76—91.

Nakatani, Y. (2006) Developing an oral communication strategy inventory. *The Modern Language Journal*, 90(2). 151—168.

Nakatani, Y. (2010) Identifying strategies that facilitate EFL learners' oral communication: A classroom study using multiple data collection procedures. *The Modern Language Journal*, 94(1), 116—136.

Nakatani, Y. & Gho, C. (2007) A review of oral communication strategies: Focus on interactionist and psycholinguistic perspectives. In Cohen, A. D. & Macro, E. (eds.). *Language Learner Strategies*, 205—227. Oxford: Oxford University Press.

Nattiv, A. (1994) Helping behaviors and math achievement gain of students using cooperative learning. *The Elementary School Journal*, 94(3). 285—297.

Naughton, D. (2006) Cooperative strategy training and oral interaction: Enhancing small group communication in the language classroom. *The Modern Language Journal*, 90(2), 169—184.

Oliver, R. (1998) Negotiation of meaning in child interactions. *The Modern Language Journal*, 82(3), 372—386.

O'Sullivan, B., Weir, C. J. & Saville, N. (2002) Using observation checklists to validate speaking-test tasks. *Language Testing*, 19(1), 33—56.

Oxford, R. L. (1990) *Language Learning Strategies: What Every Teacher Should Know*. New York: Newbury House.

Rao, Z. & Huang, L. (2017) Exploring the effects of school context on Chinese students' use of language learning strategies in English learning. *Applied Linguistics Review*, 10(2), 117—136.

Richards, J. C. & Rodgers, T. S. (1986) *Approaches and Methods in Language Teaching*. Cambridge: Cambridge University Press.

Riggenbach, H. (1998) Evaluating learner interactional skills: Conversation at the micro level. In Young, R. F. & He, A. W. (eds.). *Talking and Testing: Discourse Approaches to the Assessment of Oral Proficiency*, 53—67. Amsterdam & Philadelphia: John Benjamins.

Selinker, L. (1972) Interlanguage. *International Review of Applied Linguistics in Language Teaching*, 10, 209—231.

Smith, B. L. & MacGregor, J. (1992) What is collaborative learning? In Goodsell, A. S., Maher, M. R., Tinto, V., Smith, B. L. & MacGregor, J. (eds.). *Collaborative Learning: A Sourcebook for Higher Education*, 1—11. Syracuse, NY: National Center on Postsecondary Teaching, Learning, and Assessment (NCTLA).

Swain, M., Huang, L. S., Barkaoui, K., Brooks, L. & Lapkin, S. (2009) *The Speaking Section of the TOEFL İBT (SSTiBT): Test-takers' Reported Strategic Behaviors*. Princeton: Educational Testing Service.

Tarone, E. (1980) Communication strategies, foreigner talk, and repair in interlanguage. *Language Learning*, 30(2), 417—431.

Young, R. F. & He, A. W. (1998) *Talking and Testing: Discourse Approaches to the Assessment of Oral Proficiency*. Amsterdam & Philadelphia: John Benjamins.

Young, R. F. & Miller, E. R. (2004) Learning as changing participation: Discourse roles in ESL writing conferences. *The Modern Language Journal*, 88(4), 519—535.

Zhu, X., Cai, Y., Fan, J., Chan, S. D. & Cheong, C. M. (2017) Validation of the oral interaction strategy scale for speakers of Chinese as a first language in elementary schools. *L1-Educational Studies in Language and Literature*, 17, 1—25.

Zhu, X., Liao, X. & Cheong, C. M. (2019a) Strategy use in oral communication with competent synthesis and complex interaction. *Journal of Psycholinguistic Research*, 48(5), 1163—1183.

Zhu, X., Loh, E. K. Y., Yu, G., Tam, L. C. W. & Liao, X. (2019b) Developing 21st century skills for the first language classroom: Investigating the relationship between Chinese primary students' oral interaction strategy use and their group discussion performance. *Applied Linguistics Review*, 13(4), 597—630.

作者简介

祝新华，香港理工大学中文及双语系教授，博士生导师，研究方向为阅读过程、综合写作、口语互动能力、语言评估标准、促进学习的评估等。Email：ctxhzhu@polyu.edu.hk。

赵鹏飞，香港教育大学中国语言学系，博士，研究方向为综合写作、口语互动、双语研究等。Email：sl139431@s.eduhk.hk。

汉语二语学习者独白叙事中的自我修复研究*

张文贤[1]　曹佳鸿[2]

1　北京大学对外汉语教育学院　　2　厦门大学人文学院中文系

提　要　文章考察了中级水平汉语二语学习者独白叙事中自我修复的情况。研究发现，学习者最常使用的修复手段是重复，使用重构式替换的数量比母语者少得多，会出现因搭配错误而进行删除的情况。从语篇角度来看，学习者前景位置出现修复的比例高达92%，远高于母语者。学习者的叙述缺乏描述与评论，不像母语者会采用插入小句的修复手段来表达自己的评述。学习者修复失败的情况时有发生，停顿次数远多于母语者。学习者的修复特点与其语言能力相关，所以会被认为是不流利的表现。本研究对汉语语法以及语篇教学均有启示，提示教师要注意数量短语、虚词、"把"字句等教学难点以及在语篇教学时要区分前景与背景。

关键词　修复　叙事　语篇　学习者

一　引言

1.1　问题的提出

修复(repair)指的是处理会话中听、说或者理解中的问题或麻烦的手段(Schegloff 2000)。我们借用这一术语探讨中级水平汉语二语学习者独白叙事中的自我修复现象。本文所研究的自我修复不涉及交际双方的相互理解，仅仅涉及说话人对自己产出话语的自我调整，因此与互动语言学以及会话分析中对修复现象的研究不完全相同。Drew et al.(2013)指出，说话人的自我修复经常发生，说话人总是无时无刻不在纠正自己说的话。但学习者的自我修复显然不同于母语者，学习者的自我修复通常被认为是表达不流利。母语者和二语学习者都会出现很多错误，但母语者在说话过程中并不关注语言形式

---

* 本文获得国家社科基金重大项目"汉语自然口语对话的互动语言学研究"(20&ZD295)的资助。感谢邓丹老师帮忙录制语料。感谢匿名审稿专家提出的修改意见。

正确与否(Chafe 1980,33),母语者产出的错误会被听话人所容忍,但是同样的错误,一旦由学习者产出,将会被视为不流利。Lennon(1990)发现与母语者相比,学习者的停顿、重复、自我纠正等行为更容易被理解为不流利。还有学者将重复、自我修正、更改次数作为判断流利度的指标(张文忠、吴旭东 2001;郭修敏 2005;翟艳 2011;陈默 2012;翟艳、冯红梅 2014;王希竹 2018)。

二语学习者的口头产出受语言水平的限制,在表达的过程中必定会出现自我修复现象,其自我修复被认为表达不流利是非常自然的。但是,学习者的自我修复与母语者相比有什么特点?既然母语者和学习者都经常进行自我修复,那么为什么学习者的自我修复被认为是不流利的表现?学习者的修复情况能给汉语教学带来哪些启示?本文试图回答这些问题。

1.2 语料来源

本文所采用的叙事语篇为《梨子的故事》(*The Pear Stories*)。《梨子的故事》是 20 世纪 70 年代美国语言学家 Wallace Chafe 带领的研究小组设计的一部默片(无对白电影)。该默片大致分为"农夫摘梨""男孩儿偷梨""男孩儿摔车""三人帮忙""送帽还梨""再遇农夫"六个情节(张文贤等 2021)。之所以选择该无对白电影,是因为以此为语料的研究较多(Chafe 1980;Erbaugh 1990;许家金、刘霞 2014;徐晶凝 2016;余东涛 2016;刘畅等 2019),可以方便将本文所得结论与前人的研究成果进行比较。

我们自行录制了学习者独白叙事语料,参加录制的是在北京大学对外汉语教育学院学习的中级水平汉语学习者。录制地点为语音实验室,学生戴着耳机录制,录制出的声音清晰。录制时间为学习者在北大学习了一个学期后(2017 年 1 月),那时他们的汉语口头表达能力与发音都有了很大提高与改善。录制方法是让学习者先观看两遍《梨子的故事》,然后戴着耳机独自进行口头叙述,要求学生尽可能完整地讲述故事并细致地描述故事情节。共 26 名学生参加录制,去除 6 名叙述时间过短的同学的语料,只采用 20 名同学的语料,语音语料总计时长约 84 分钟。与学习者语料(见附录一)相对比的母语者语料(见附录二)来自 Mary Erbaugh 于 1976 年在台湾大学采集的 20 篇关于《梨子的故事》的汉语叙事语料[①]。我们在语料转写过程中使用了转写符号,如"@"代表笑声,".."和"..."代表短停顿和较长停顿,"(())"中为转写者的说明[②]。

我们首先通过与母语者进行对比,从修复手段、修复位置以及修复结果等方面描写与分析汉语二语学习者的修复情况。通过分析学习者的修复特点,特别是未修复成功的例子,看学习者口头表达的难点,为汉语教学提供参考。

二 学习者自我修复的类型与语篇位置

2.1 修复手段的类型

Schegloff(2013)在研究同一话轮中的自我修复现象时,将修复手段分为替换、插入、删除、搜索、加插入语、中止、序列跳跃、重复、重构和重新排序10种。我们在该分类的基础上,考虑自然口语对话与叙事语篇之间的差异,删除“序列跳跃”这类与会话结构有关的手段,并将“加插入语”并入“插入”类。另外,由于独白叙事语篇中“中止、重构、重新排序”与“替换”类重合,“搜索”与“重复”类重合,故重新调整,最后得到“重复”“替换”“插入”“删除”四类修复手段。我们根据该分类对学习者的修复情况进行考察,并将之与汉语母语者进行对比。具体情况如表1所示。

表1 汉语学习者和母语者使用的修复手段与数量对比

修复手段		学习者		母语者	
		数量(例)	占比(%)	数量(例)	占比(%)
重复		168	68.0	90	33.7
替换	直接替换	43	17.4	67	25.1
	重构式替换	17	6.9	61	22.8
插入	插入动词短语	8	3.3	10	3.7
	插入副词	3	1.2	3	1.1
	插入介词及介词短语	2	0.8	1	0.4
	插入名词短语	2	0.8	9	3.4
	插入小句	0	0	20	7.5
删除		4	1.6	6	2.3
总计		247	100	267	100

从表1可以看出,学习者与母语者的修复数量相差不多,而且重复、替换都是高频使用的修复手段。差别比较大的是,重复是学习者最常使用的修复手段,占68%,替换(直接替换+重构式替换)是母语者最常使用的修复手段,占47.9%;在插入手段中,母语者较多使用插入小句这一手段(20例,占7.5%),但未发现学习者使用该手段。下面具体说明学习者高频使用的修复手段的特点。

2.1.1 重复

重复是学习者和母语者都经常使用的修复类型,分别为168例与90例,占总数的

68%与33.7%，可以看出学习者使用重复进行修复的次数与比例明显高于母语者。与母语者不同的是，学习者在表达不流畅时会选择重复来为后续表达提供选词时间，且学习者的重复常常伴随停顿，如例(1)、例(2)。例(3)、例(4)为母语者产出的话语，重复发生在对细节的描述上。

(1)有一天，有一个，一个人，菜..菜农，工作。(学习者)

(2)他欸这个这个人在..在棵树。(学习者)

(3)因为刚才他是有两两篓水果放在那儿。(母语者)

(4)可是另外一篓篓篓子是空的。(母语者)

除此之外，学习者会出现重复"词+音节"的情况。

(5)他把苹...他把苹果..放..放在，网..网子。(学习者)

(6)骑自行车 ziqi 骑自行骑自行 em 骑自行车的时候。(学习者)

例(5)重复的是"他把苹"，"苹果"作为一个词被断开。例(6)重复的是"骑自行"，"自行车"被断开。母语者口头表达修复不会出现这种情况。

2.1.2 替换

替换在修复中也较为常见，但学习者使用该手段的次数与比例不如母语者高，分别为60例与128例，占总数的24.3%与47.9%。我们将替换分为直接替换和重构式替换，直接替换是在原表达基础上进行动词、名词、副词或数量结构等的替换，直接替换之后与替换之前的表达在内容上具有较高的相关性；重构式替换则是在原表达基础上进行全新的句子构造，替换后的内容和原来的表达内容相关性较低。例(7)—(10)为直接替换。

(7)他..他想吃..带走这些梨子。(学习者)

(8)然后他带他那个盒子，然后他带那个梨子，走了。(学习者)

(9)他就放...撞到那个石头。(母语者)

(10)不知道谁拿...谁偷走了。(母语者)

例(7)属于学习者的动词性成分直接替换，"带走"替换"吃"；例(8)是学习者的名词直接替换，用"梨子"替换"盒子"。母语者的情况与学习者类似，例(9)用"撞"替换"放"，例(10)用"偷"替换"拿"。替换时，学习者与母语者均会伴随停顿。

在说话人察觉到自身的表达出现问题时，常常通过句子的重构来继续叙述。但可能是由于学习者的相关表达储备不足，缺乏对同一动作事件的不同描述与表达，所以使用重构式替换的数量比母语者(61例)少得多，为17例。

(11)然后：他..他..在他的...他的...em 他，他用他的自行车。(学习者)

(12)他..他没:见面他的 qi:嗯？不是不是。他..啊^因^为！他..他没看过他的..路..他的前面。(学习者)

(13)把他叫回来。嗯,嗯,不是把他叫回来。他走过去把帽子给他。(母语者)

(14)他的果子什么的都...车子倒了,那么,那个篓子里的果子当然都掉到地上,滚了一地。(母语者)

例(11)中,学习者所产出的“他用他的自行车”与之前内容的相关性很低,无法从前面的表达推断出来。例(12)在“他..他没:见面他的 qi:”之后用“嗯？不是不是”进行否定,然后准备进行原因阐释“他..啊^因^为!”,但是发现表达困难之后进行了句子重构“他..他没看过他的..路..他的前面”。从例(13)中可以看出,母语者也会发生和学习者类似的情况。二者都可能发生回忆产出困难的情况,只不过母语者的停顿远远少于学习者。另外,学习者与母语者均在后句补充了关于原因的叙述,如例(12)、例(14)。

此外,与母语者不同的是,学习者在产出“把”字句时需要不断进行替换,可见对于中级水平学生来说“把”字句仍存在输出困难,如例(15)、例(16)。

(15)笼子里面拿出来了一个笼子..放..放在:把这个笼子放在欸自行车上。(学习者)

(16)为了..为了感谢他们,他..那个男孩子把三:个苹果,给..那个三:小伙子送了,uhuh 把苹果送给那三小伙子。(学习者)

2.1.3 插入

与母语者相似的是,学习者也会在叙述中插入动词或动词短语、名词或名词短语、副词以及介词或介词短语,学习者与母语者出现这四种插入的总数分别为 15 例和 23 例,占修复总数的 6.1%和 8.6%。例(17)—(20)分别为插入动词短语、名词短语、副词、介词及介词短语的例子。

(17)a. 那里有看起来那里有一些孩子他们给这个孩子帮助。(学习者)

b. 他...我想,他心里就会觉得很奇怪。(母语者)

(18)a. 一个人带他的羊..走..别的地方,摘..摘梨子:人摘梨子的时候。(学习者)

b. 有一个牵...有一个男的牵了一只羊过来。(母语者)

(19)a. 他睡下,突然睡下了。(学习者)

b. 摆着...已经摆着两篓的番石榴。(母语者)

(20)a. 一个人摘梨子..一个人在摘 li1zide 梨子的时候。(学习者)

b. 然后就是...看到一个人摘番石榴。嗯,em,然后...在树上摘番石榴。(母语者)

通过插入，可以使句子的表达更加完整，学习者与母语者都通过插入来实现对之前表达内容的完善和补充，不过学习者很关注语音、词汇和语法的正确性，母语者则更关注语言表达的准确性以及非叙事性的评论。这一点可以从母语者还会使用插入小句这一手段进行佐证。

(21)他帽子被...不知道被风吹，怎么样，我看不清楚那边。被吹掉了。(母语者)

例(21)中，母语者在叙述中间插入小句进行评述，表明自己在叙述过程中的认知状态，这样的情况有20例，占修复总数的7.5%。但使用插入小句来修复对学习者来说有难度，我们并没有发现学习者插入小句的情况。

2.1.4 删除

删除可以让叙述内容更简洁，但学习者与母语者使用这一手段的频率都不高，分别为4例和6例，占总数的1.6%和2.3%。学习者和母语者删除的位置常常发生在动词以及修饰语部分。

(22)他骑自行车：走的..走的时候：他骑自行车的时候。(学习者)

(23)他就回头一看，他回...他就回头。(母语者)

例(22)中学习者通过删除“走的”，让句子更加简洁明了。例(23)中母语者删掉“一看”，避免了“一看”后面出现宾语。

学习者存在词汇搭配错误而引发删除的情况。

(24)很重要的..很重的水果。(学习者)

例(24)中，显然“重要的水果”搭配错误，必须删除“要”。相比之下，母语者不会发生这种情况。

值得注意的是，我们还发现了学习者所独有的一种修复，即用母语进行修复，这种情况只有1例。

(25)把苹果都...emem@咕噜@，不是，不知道，roll and fall。(学习者)

例(25)中，学习者在叙述过程中发生困难，最后不得不使用了自己的母语(英语)来进行修复。

2.2 汉语学习者的修复在语篇中的位置

下面，我们从发生修复的语篇位置出发，进一步分析学习者的修复特点。Hopper(1979)、Hopper & Thompson(1980)将叙事语篇中的骨干结构称为“前景”，具有时序性，一般为叙述性成分;将叙事语篇中的支持性材料称为“背景”,不具有时序性,一般为非叙述性成分。对此,我们将学习者与母语者的修复位置按照前景、背景进行分类,得到下表。

表 2 学习者与母语者修复的语篇位置对比

发生修复的语篇位置	学习者		母语者	
	数量(例)	占比(%)	数量(例)	占比(%)
前景	227	92	157	59
背景	20	8	110	41
总计	247	100	267	100

从表 2 中可以发现,虽然汉语学习者与母语者都会产出相当数量的修复,但是在学习者的修复中,92%(227 例)的修复处于前景位置,涉及的都是与叙事结构及情节相关的关键事件;而在母语者的修复中,位于前景位置的修复占 59%(157 例),远远低于学习者的比例。

从前景位置来看,学习者和母语者都会在关键情节、动作、人物等叙述中发生修复,如例(26)—(28)。

(26)a. 然后梨子都...梨子..梨子都...溢..溢出了。(学习者)

b. 他赶快来帮他,帮他忙。(母语者)

(27)a. 他..他想吃..带走这些梨子。(学习者)

b. 然后骑...就走...骑在路上。(母语者)

(28)a. 为什么他,为什么别的孩子吃。(学习者)

b. 就走过那个水果...农场主人的那个树下。(母语者)

在前景位置上的修复有一部分与指称的变换有关。

(29)骑着骑着去的时候,过路的,三个过路的人帮助他。(学习者)

(30)这个:录音的内容,先这个一个..一个男:男人,他收梨树。(学习者)

(31)那个小孩子很感谢这三个人...这三个小孩子。(母语者)

(32)有一个人就拿着这个...就带着一个小牛。(母语者)

例(29)中,学习者用“三个过路的人”来替换“的”字短语“过路的”,这是乐耀(2017)提到的窄指用法,说话人通过指称替换把描述对象限定得更加具体,语言表达上也更加准确。例(30)用泛指表达“一个”来替换特指表达“这个”,这是乐耀(2017)提到的宽指用法,即被描述对象的限定范围变宽。母语者也有类似的情况,如例(31)、例(32)。

学习者在背景位置的修复有20例,占修复总数的8%。母语者在背景位置的修复有110例,占修复总数的41%。

从背景位置来看,学习者和母语者都会出现修复,如例(33)、例(34)。

(33)他..他没:见面他的qi:嗯?不是不是。他..啊^因^为!他..他没看过他的..路..他的前面。(学习者)

(34)那个男孩子就...因为,心...心慌嘛。(母语者)

母语者还出现了大量针对人物、物体、情节甚至影片的拍摄镜头进行评述的现象,这是学习者所没有的。

(35)他摘番石榴的时候,大概是很...相当辛苦。(母语者)

(36)爬...爬那个...那个梯子...那个梯子很像不堪负荷的样子。(母语者)

(37)小孩儿是偷...偷那...就是把他一篓那个偷拿放在他的脚踏车上。那在我来讲,如果那个是大人的话,我会不原谅他。(母语者)

(38)正好有三个小孩子经过。他们就给这个...嗯,就是...没有事,可能是去玩一玩。然后,经过那个地方的时候,他们就...看他跌倒了,把他扶起来。(母语者)

例(35)的"相当辛苦"与例(36)的"那个梯子很像不堪负荷的样子"都是脱离故事主线的讲述者的评论。在例(37)中,讲述者补充了对事件的评价与态度。例(38)中,讲述者对三个小孩子经过的原因进行猜测补充,为引出下面的情节(帮忙扶起小孩儿)做准备。

修复前景还是修复背景是判断说话人流利程度的一个重要因素。如果修复经常出现在影响叙述进程的前景话语中,将会影响听话人对情节的理解。相反,如果修复经常出现在背景信息中,尤其是评价性信息中,则不会造成理解事件连续性的障碍。

三　学习者修复失败或多次修复情况分析

从学习者和母语者自我修复行为所产生的结果来看,母语者不存在修复失败的情况,但是对于学习者来说,想要每次都修复成功并不是一件容易的事,这主要体现在语音、词汇与语法修复失败或者多次修复并伴有停顿上。

3.1　语音修复失败

(39)em他..很喜欢吃:苹((ping3))果((guo2)),苹((ping3))果((guo2)),所以,他..他..把..b苹((ping2))果((guo2)),苹((ping2))果((guo3)),拿

起来，放..放..放自行车上。（学习者）

(40)帽((mao1))子，帽((mao3))子丢了。（学习者）

学习者的语音修复主要出现在声调上。在例(39)中，学习者针对"苹果"一词进行了两次语音修复。通过听感以及 Praat 音高测试，我们发现学习者第一次修复失败，第二次修复才成功。例(40)是学习者产出"帽"时声调修复失败的例子。

3.2 词汇修复失败

我们发现，学习者还会出现词汇修复失败的情况，这主要是词汇使用不当导致的。学习者会在趋向动词的使用中出现修复失败。

(41)他们..一起..过..过去..苹果树。（学习者）

(42)有一个人从一棵树试..试图梨子欸有一个人从一棵..一棵树在试图梨子。（学习者）

例(41)中，由于学习者没有掌握"过"与"过去"的用法，导致修复失败。例(42)将"试"修复为"试图"，但"试图"不能与"梨子"搭配，学习者没有掌握"试图"后不能直接加名词这一用法。

3.3 数量短语修复失败

学习者缺少语义搭配意识，语法结构混乱，容易出现语义以及语法搭配上的修复失败。最为突出的是数量短语修复失败。

(43)一个：某人跟他的...羊，他们..一起..过..过去..苹果树。（学习者）

(44)三个苹果，三个水果。（学习者）

(45)这个三个，这些三个男孩儿。（学习者）

(46)他绊倒..绊倒..还有他..绊倒的时候，他..他的朋友们..他的三个朋友们帮助他。（学习者）

例(43)中开头出现的"一个"被修复为"某人"，是由学习者母语的负迁移造成的。例(44)中，学习者混淆了"苹果"与"水果"的语义及其相应的量词搭配，导致修复失败。例(45)的"些"与(46)的"们"（第二个"们"）冗余。

3.4 虚词修复失败

学习者在使用介词、连词、副词等虚词时，也常发生修复失败。

(47)有一个农民在..有一个农民从树在采集梨子的时候。（学习者）

(48)他见一个女女人，然后他就看那个女人，然后就撞了..一个..小石＜Xshi4X＞，然后他就摔倒了，所以他也摔倒了。（学习者）

例(47)中,学习者在叙述摘梨子时,将"在"修复为"从树在",出现了介词冗余的情况。例(48)中连词和副词均修复失败,连词"然后"的过度使用以及最后修复为"所以"的结果小句,都表明学习者没有完全掌握连词的用法;另外,学习者将副词"就"修复为"也",修复失败。

3.5 修复"把"字句时伴随重复

学习者产出"把"字句时会伴随重复,需要不断进行替换修复,可见对"把"字句的用法掌握得并不熟练。

(49)笼子里面拿出来了一个笼子..放..放在:把这个笼子放在欸自行车上。(学习者)[③]

(50)为了..为了感谢他们,他..那个男孩子把三:个苹果,给..那个三:小伙子送了,uhuh把苹果送给那三小伙子。(学习者)

(51)他..把..那个..包...他的帽子..wan忘在忘了。(学习者)

例(49)中学习者先产出了"把"字句中的动词以及宾语,然后才意识到可以使用"把"字句。例(50)中涉及"把"字句不同句式的修复,例(50)与例(51)均在产出过程中不断出现停顿、替换、重复等情况。

语料显示,学习者使用"把"字句的情况共34例,其中20例出现修复,达58.8%。而母语者使用"把"字句的总数为96例,其中出现修复的语料有17例,占17.7%。学习者使用"把"字句的总体频率远低于母语者,但修复比例却比母语者高41.1%,可见"把"字句的确是学习者学习的难点。

四 讨论

4.1 结果分析

学习者的修复特点可以回答我们在引言中提出的问题。学习者的修复与其语言能力相关,所以会被认为是不流利的表现。学习者语音及词汇内部修复过多,修复失败的情况时有发生。此外,学习者会出现重复"词+音节"甚至夹杂自己的母语的现象。不管采取哪种手段,学习者的停顿次数都远多于母语者,这对于评判其流利度也非常不利。受语言水平所限,学习者的修复更关注语法、词汇、语音等表达的正确性,而母语者更关注的是语言表达的准确性。

总体来看,学习者修复数量的平均值为11.76,母语者的平均值为13.35。学习者和母语者的修复数量整体上没有显著差异($t=0.703$, $df=39$, $p>0.05$,方差齐)。由此可见修复现象并不是学习者独有的,母语者在叙述过程中也会产出大量修复。这可能是因为实验任务是回忆性任务，母语者的语言水平优势使其产出的语篇规模远远大于学习者，且母语者回忆的细节多，难度大，在一定程度上可能促使修复的产出。

另外，卡方检验显示，修复手段的类别受语言水平的影响（$x^2=61.409$，$df=3$，$p<0.001$）。这与刘颂浩(1999)的研究结果相反，刘颂浩(1999)在研究学习者的误读现象时发现，自我改正误读的类别（这一类别与修复相关）不受语言水平的影响，认为原因可能有二：调查人数少，调查对象内部差异大。我们基本同意这一分析，与刘颂浩(1999)的9人相比，本研究调查对象人数有41人，这可能是造成二者结果不同的重要原因。

此外，从语篇角度来说，学习者在叙述过程中缺少适当的背景信息，这可能受两个因素影响。一个因素是学习者的语言水平。本研究中学习者的水平为中级，受其语言水平的限制，尚未关注到语篇层面。汪燕、刘颂浩(2005)发现，自然口语对话中高级学习者的形式聚焦片段(focus on form episode)中关注语篇的数量要多于初中级学习者，这说明随着水平的提高，学习者会更多地关注语篇问题。该研究证明中级水平的学习者受语言水平影响，尚未对语篇层面足够重视，其关注点仍然停留在句子或词汇层面。另一个因素为学习者缺少句子背景化的相关知识。方梅(2008)曾指出“背景化从本质上说就是以句法上的低范畴等级形式将背景信息进行包装”，汉语“以语法层级较高的范畴体现前景信息，以语法层级较低的范畴体现背景信息”，并提出了由背景化触发的两种句法结构——主语零形反指和描写性关系从句，由此可以看出篇章的背景化会渗透到句法中。

4.2 对汉语教学的启示

学习者修复失败的情况以及语篇分布特点可以为汉语二语教学带来一些启发。根据前文的分析可以得知，学习者应当注重语音表达上的准确性，在词汇内部减少修复次数，逐步提升流利度，还应该在扩大词汇量以及丰富表达方式的基础上，尽量像母语者一样在修复中多调用替换手段，体现表达的多样性。在语法方面，数量短语，介词、连词、副词等虚词，“把”字句仍然是学习者的学习难点，特别是“把”字句，学习者不敢用或一用就错，应该加强训练。

在语篇方面，我们可以在教学中借鉴相关成果，加入背景化相关的句法手段知识，以提高语篇教学质量，提升学习者的独白叙事水平。还可以帮助学习者增加非叙述成分的比例，通过插入小句，增加针对人物、物体、情节甚至拍摄镜头的相关看法及评述，推测情节发生的原因等，这样不仅会减少停顿的次数以及时长，降低不流利程度，提高叙述连续性，还会增加背景信息的比例，让原本单调的前景信息变得更加完整，推动叙事进程。

五　结语

本文从与母语者对比的角度分析了中级水平学习者独白叙事语篇中修复的情况，发现学习者呈现出与母语者修复不同的特点。学习者最常使用的手段是重复,且常常伴随停顿。在替换手段上,学习者使用重构式替换的数量比母语者少得多。学习者的叙事缺乏描述与评论。在删除手段上,学习者会出现因搭配错误而进行删除的情况。语篇角度对修复的观察有助于我们理解母语者与学习者在插入小句这一手段上的使用差异。学习者前景位置出现修复的比例高达92%,这不仅会导致背景信息的不完整,还会进一步影响叙事进程,增加不流利的程度。本研究的结论可以应用到汉语二语教学中。汉语教师可以根据本文的研究结论,进行有针对性的训练。语音、数量短语、虚词、"把"字句等是教学难点;在进行叙事语篇教学时,教师可以区分前景、背景,使学生在叙事时更加准确、生动。

注　释

① 参见 http://pearstories.org/。(访问日期:2021年12月25日)

② 转写体例

(1),。? 分别表示微升、下降、上升语调

(2)@表示笑声,一个音节一个@

(3):表示语音拖长

(4)<X>表示听不清,一个X代表一个音节

(5)..表示短停顿,小于等于0.2秒,不注明时长

(6)...表示较长的停顿,大于0.2秒,不注明时长

(7)^标在音节前,表示该音节有对比性重音

(8)拼音后的数字"1"为阴平,"2"为阳平,"3"为上声,"4"为去声

(9)(( ))括号内为转写者的说明

(10)……省略中间内容

③为行文方便,我们将重复例句重新编码。

参考文献

陈　默(2012)美国留学生汉语口语产出的流利性研究,《语言教学与研究》第2期,17-24页。

方　梅(2008)由背景化触发的两种句法结构——主语零形反指和描写性关系从句,《中国语文》第4期,291-303页。

郭修敏(2005)《汉语作为第二语言的口语流利性的量化测评》,北京语言大学硕士学位论文。

刘　畅、赵　杰、张建民(2019)书面语与口语中人物指称的差异,《汉语学习》第5期,64-71页。

刘颂浩(1999)对9名日本学生误读现象的分析,《语言教学与研究》第2期,97-109页。

汪　燕、刘颂浩(2005)自然会话中学习者对语言形式的关注与领会,《海外华文教育》第3期,55-64页。

王希竹(2018)《汉语作为第二语言学习者口语产出流利度研究》,东北师范大学博士学位论文。

徐晶凝(2016)主观近距交互式书面叙事语篇中“了”的分布,《汉语学习》第 3 期,74—84 页。

许家金、刘 霞(2014)中国英语学习者英语口头叙事中的人物指称研究,《外语与外语教学》第 2 期,54—59 页。

余东涛(2016)一个英汉口头叙述语篇中衔接词语使用的实证研究——以“梨子故事”为例,《西安外国语大学学报》第 3 期,9—13 页。

乐 耀(2017)汉语会话交际中的指称调节,《世界汉语教学》第 1 期,36—57 页。

翟 艳(2011)口语流利性主观标准的客观化研究,《语言教学与研究》第 5 期,79—86 页。

翟 艳、冯红梅(2014)基于“看图说话”任务的汉语学习者口语流利性发展研究,《华文教学与研究》第 4 期,1—7 页。

张文贤、贺知宇、师倩倩、曹佳鸿(2021)中级水平汉语学习者独白叙事的语篇分析,《理论照亮材料》(汪锋、宋作艳、李子鹤主编),85—97 页,云南大学出版社。

张文忠、吴旭东(2001)第二语言口语流利性发展定量研究,《现代外语》第 4 期,341—351 页。

Chafe, W. L. (1980) *The Pear Stories: Cognitive, Cultural and Linguistic Aspects of Narrative Production*. Norwood, New Jersey: Ablex.

Drew, P., Walker, T. & Ogden, R. (2013) Self-repair and action construction. In Hayashi, M., Raymond, G. & Sidnell, J. (eds.). *Conversational Repair and Human Understanding*, 71—94. Cambridge: Cambridge University Press.

Erbaugh, M. S. (1990) Mandarin oral narrative compared with English: The pear/guava stories. *Journal of the Chinese Language Teachers Association*, 2(25), 21—42.

Hopper, P. J. (1979) Aspect and foregrounding in discourse. *Discourse and Syntax*, 12, 213—241.

Hopper, P. J. & Thompson, S. A. (1980) Transitivity in grammar and discourse. *Language*, 56(2), 251—299.

Lennon, P. (1990) Investigating fluency in EFL: A quantitative approach. *Language Learning*, 40(3), 387—417.

Schegloff, E. A. (2000) When “others” initiate repair. *Applied Linguistics*, 21(2), 205—243.

Schegloff, E. A. (2013) Ten operations in self-initiated, same-turn repair. In Hayashi, M., Raymond, G. & Sidnell, J. (eds.). *Conversational Repair and Human Understanding*, 41—70. Cambridge: Cambridge University Press.

附录一 学习者独白叙事语篇举例

这个视频里的,有一个@@有一个男的在摘,从树上摘梨,然后:,他刚开始有三个桶,他把:,他从树上下来,把梨放到桶里头,然后他又..爬上树接着摘..摘梨,em 然后:,有个孩子,骑的自行车过来,把..男的..一个男的..摘梨的..男的的桶..给:拿走了,骑的自行车拿走了,然后:,他骑自行车:走的..走的时候:,他骑自行车的时候,撞到..撞到石头上了,然后摔了,可是他 pang((咳嗽))他碰到了另外一个另外的三个男孩儿，他们帮着这个骑自行车的男孩儿把：梨再放回桶里头，把自行车..neng4((弄))起来，帮他打扫一下，然后，然后他们就走了，男孩儿接着骑自行车，nei4 另外三 hai2 三个男孩儿接着走，然后他们发现，发现了那男孩儿的帽子..掉了，所以他把帽子还给 nei 这个骑自行车偷梨的男孩儿，然后这男孩儿就..给帮助他的几个人，给了他们三个梨，然后他们觉得，三个男孩儿..吃着梨，走过：梨树的时候，那个正好摘梨的人看见了他们，也发现了他的桶没了，可是..这三个男孩儿也没有桶，只是拿着..拿着梨，一边儿拿着吃着梨，一边儿走，所以这个摘梨的男的觉得很困惑，他的..^梨都跑哪了。

附录二　母语者独白叙事语篇举例

就这样讲出来呀？嗯，就是有一个人噢，在...摘番石榴。那他就在树上摘。那他就就摘一摘，他的袋子满了，他就下来把他袋子里面的番石榴放倒篓子里面去。那他在摘的时候，掉下来一个。他就把那个掉下来的捡起来，擦一擦，再放到篓子里面去。然后他再爬到树上去摘。那这时候...有一个人在拉了一只羊。那羊还不肯走。就用...用力拉，就把他从那个篓子那边拉过去。嗯，再过一下，就有一个小男孩儿骑着脚踏车过来。然后他好像想要偷拿人家的番石榴。他起先要拿一个。后来，他就整篓搬走了。我想...奇怪那个人为什么没有看到？他搬走了。那就骑脚踏车。放在脚踏车上面，巅巅巅的。那有一个女孩子，好像骑脚踏车也不太稳。那从他旁边骑过去，好像她吸引了他的注意力。他就..他就好像撞到一块石头，整篓的番石榴，他..他自己都摔..摔倒了。然后他嗯...好像脚也弄..弄伤了，还弄疼了。他就...站起来。前面刚好有三个小男孩，就帮他拾番石榴。然后帮他把番石榴放到车上。他就骑走了。他都没有...没有骑走。就是一瘸一瘸地就走掉了。那..那那个三个小男孩儿也走掉了。那...嗯...就是...那后来他们走了一段路，发现他们的帽子掉在那个...就是跟那个女孩子擦身而过的时候被风追掉了。那样。那他就吹声口哨叫那个男孩子。那他就把帽子拿去还他。那帽子还他的时候，当...当中有一个男孩子回来的时候，就是拿帽子给他那个男孩子回来的时候，就...又拿了他的三个番石榴。他们三个人分着吃。等到那个人又..又拔好了以后，他下来的时候。发现他篓子好像少了一个。他又看到三个男孩子啃着番石榴这样走过去。就是这样子。

作者简介

张文贤，北京大学对外汉语教育学院长聘副教授，研究方向为篇章语法、互动语言学、对外汉语教学。Email：zhwenxian@pku. edu. cn。

曹佳鸿，厦门大学人文学院中文系博士研究生，研究方向为语言学及应用语言学。Email：756113378@qq. com。

从汉语表人类词缀的历时演变看词法化与语法化、词汇化的关系

张未然

中国传媒大学人文学院

提　要　近年来词法化成为国内历时词汇研究关注的热点，文章旨在厘清词法化、语法化、词汇化三者之间的关系。首先梳理了学界关于词法化的定义以及对于它和语法化、词汇化之间关系的不同看法，发现现有研究在词法化的主体、起点、终点、适用范围以及三者之间关系的看法上都存在差异。其次以汉语表人类词缀的历时研究为个案展开分析，借助历时语料，细致梳理了汉语定中式表人"X人/手/员/夫/士"的形成、发展以及类词缀化的过程。在此基础上，最后回归到对词法化、语法化、词汇化三者关系的讨论上，强调讨论词法化问题，应该区分词汇词和词法词，区分狭义词法化与广义词法化，狭义词法化的主体是"人、手、员"，而非"X人/手/员"，它是语法化的组成部分；广义词法化是指词法结构的形成过程，涉及两个成分，对于"X人/手/员"来说，其广义词法化过程不表现为"语法结构→词法结构"，而是表现为"词库→词法结构"，演变链条为"词库→去词汇化→广义词法化→词法结构"。

关键词　词法化　语法化　词汇化　表人类词缀

一　引言

近几十年来，随着语法化研究和词汇化研究的相继兴起与深入，二者之间的关系也逐渐吸引了国内外诸多学者的关注（Ramat 1992；Lehmann 2002；Haspelmath 2004；Brinton & Traugott 2005；Lightfoot 2005；王灿龙 2005；吴福祥 2005；董秀芳 2006；刘丹青 2007；张谊生、许歆媛 2008；孔蕾、秦洪武 2018；文旭、曾容 2018）。目前来看，学界在这一问题上认识并不统一，已经提出的说法有[①]：平行关系，认为二者从总体来看存在诸多共同点，都具备渐变性、单向性、融合、聚结、去理据化、隐喻化/转喻化等特征；镜像或颠倒关系，认为词汇化相当于"去语法化"；包含关系，认为广义的语法化包含词汇化；垂直相交关系，认为词汇化和语法化属于不同层面，一个单位的语法化发展到一定程度，会转为词内成分，和相应短语或句法结构的词汇化形成交叉点；前后相继关系，认为词汇化

是语法化的预备阶段，是动态范畴化的第一阶段，语法化是第二阶段。

最近十几年，在汉语研究中，也有学者开始关注构词层面的词汇化和词法化的关系（高苗红 2008；张征、杨成虎 2010；施春宏 2017；宋作艳 2019；蔡象丽 2020）。我们关心的是：到底如何界定词法化？在历时演变的过程中，词法化扮演怎样的角色？词法化、语法化、词汇化三者之间是怎样的关系？

本文首先梳理国内外学者关于词法化的不同定义，以及关于词法化和语法化、词汇化关系的不同看法，然后以汉语表人类词缀的形成以及历时演变过程为例，再次探讨三者在共时和历时层面的关系。

二　关于词法化内涵和外延的不同说法

首先需要说明的是，在汉语研究中，词法和形态学对应的英文都是 Morphology。因此，英文中的"morphologization"一词既可以翻译成"词法化"，也可以翻译成"形态化"。但正如董秀芳（2016）所说，在汉语中用"词法"比"形态学"更好一些，因此本文将采用"词法化"（morphologization）这一表述。

早在 20 世纪 70 年代，Givón（1971）就提出"今天的词法是昨天的句法"，明确了词法的来源是句法，其中词法既包含屈折，也包含派生（如英语词缀"-dom"来自古日耳曼名词"*tuom*"）；Joseph & Janda（1988）、Joseph（2003）界定的词法化范围有所扩大，他们将词法化描述为从句法和音系到词法的历史变化，分别会历经"去句法化"和"去音系化"的过程；Hopper & Traugott（1993）认为词法化是"一个独立的词通过附缀化（cliticization）的方式产生了一个黏着语素"。在汉语研究中，施春宏（2017）用"词法化"来指称"词法结构的形成机制和过程"，认为"词法多由句法发展而来"；宋作艳（2019）则是在构式形态学的研究范式下，提出"词法化"是图式性词汇构式化的结果，具有规则性、可分析性和模式义。比较诸位学者所下定义，能够发现学者们界定的词法化普遍认可词法和句法的关联，但在词法化涵盖范围和词法化的结果上看法有别。

在词法化和语法化、词汇化关系上，不同的学者看法更是各不相同。Hopper & Traugott（1993）指出词法化涉及语法化渐变链条（cline）即"词项（lexical item）＞附缀（clitic）＞词缀（affix）"中的后两个部分，但并非所有的语法化都会涉及词法化，如英语中情态动词的形成，这说明，在他们看来，词法化属于语法化的组成部分，语法化的范围比词法化大。Joseph（2003）则专门强调，应该区分词法化和语法化，有些词法化现象不涉及语法化，如英语中无意义的后缀"-y"的形成（competence→competency）属于词法化而非语法化，二者在研究方法上也有差异。国内学者目前多关注词法化和词汇化的关系，施春宏(2017)和宋作艳(2019)的观点有相似性,都认为词法化是词汇系统规则性的表现,但施春宏(2017)文中讨论的词汇化属于共时词汇化,指"依赖于图式性的词法规则推导"的词汇化现象,"词法和词汇(实际应为词项)的关系是型和例的关系",即"词法结构"词汇化了,而宋作艳(2019)讨论的词汇化则主张是"实体构式化导致词汇化,形成新词语","新词语大量产生并高频使用,会促进并巩固图式构式化","图式构式化则导致词法化,促生新词法"。由此可见,两位学者在对词法化和词汇化的逻辑关系的理解上还是有所不同的。

另外,具体到复合词转变为派生词这一过程,不同的学者也有不同定性,有学者认为这是句法结构词法化(即"句法结构→复合词→派生词",如 Anderson 1992)或语法化(Ramat 2001)的典型,但也有学者指出那些不再能产的类词缀(如英语中的"-ric,-dom")应该被视作词汇化的范围(Blank 2001)。

综上,可以看出国内外学者对词法化的主体、起点、终点、适用范围以及词法化和语法化、词汇化关系的看法都存在差异,目前尚无一致看法。为了方便讨论,本文暂且区分出狭义词法化和广义词法化,前者专指词根或黏附形式变为词缀的过程,后者则指句法到词法的形成机制和过程。下文我们将以汉语表人类词缀"人、手、员、夫、士"为例,从历时角度分析它们的形成过程,由此进一步探明词法化和语法化、词汇化的关系。

三 定中式"X 人/手/员/夫/士"类词的产生

3.1 定中式"X 人/夫/士"类词的产生

先秦时期,部分定中式"X 人、X 夫、X 士"就以词的形式出现了[②],如:

(1)君子周而不比,小人比而不周。(《论语》)

(2)易有圣人之道四焉,以言者尚其辞,以动者尚其变,以制器者尚其象,以卜筮者尚其占。(《周易》)

(3)视刺万乘之君若刺褐夫。(《孟子》)

(4)而强暴之国莫不趋使,诛桀、纣若诛独夫。(《荀子》)

(5)庄子见鲁哀公,哀公曰:"鲁多儒士,少为先生方者。"(《庄子》)

(6)魏氏之武卒,不可以遇秦之锐士。(《荀子》)

我们判断以上例子中的"X 人、X 夫、X 士"为词主要依据以下三条标准:(1)同时期内没有对应的"X 之人/夫/士"的用法;(2)"X 人、X 夫、X 士"的意义较为固定或有专指,如"独夫"并非"单独之人",而是专指"暴君";(3)搭配固定且词频较高,例如据程湘清(1992)统计,"小人"在《论语》中出现 24 次,《孟子》中出现 16 次,"圣人"在《论语》中出现

4次,《孟子》中出现20次。

除以上例子外,先秦时期出现的表人"X人"还有"哲人、王人、侍人、夫人、众人、倌人、野人"(N+人),"先人、旧人、佞人、寡人、庸人、故人"(A+人),"亡人、牧人"(V+人)等;表人"X夫"还有"仆夫、丈夫、膳夫"(N+夫),"大夫、狂夫、匹夫、老夫"(A+人),"谋夫、征夫、贩夫、作夫、渔夫"(V+夫)等;表人"X士"还有"方士、乡士"(N+士),"俊士、贞士、秀士"(A+士),"处士、通士、居士、造士"(V+士)等。

整体来看,这一时期的"X人、X夫、X士"以表类别为主,"X人、X夫、X士"是"人、夫、士"的一个子类。程湘清(1992)指出,在先秦时期,"人、夫、民、士、子"等这些表常用概念的单音词往往成为构词能力很强的词根。高频使用不仅在历时词汇化的进程中发挥着基础作用,在由概念打包成词的共时词汇化过程中同样极为重要,"X人、X夫、X士"之所以在先秦时期就以双音节词的形式出现了,与"人、夫、士"的高频使用有非常密切的关系。

不过,这一时期,部分"X人、X夫、X士"双音节词的凝固化程度还不高,或者说还具有短语性质,如:

(7)启佑我后人,咸以正罔缺。(《今文尚书》)

(8)名之曰"支",以遗后之人,使永监焉。(《国语》)

以上两例中,"后人"和"后之人"意义相当,均指"后代"。我们在CCL古代汉语语料库中检索了"后人"和"后之人"的用例,最终确认包含前者的语料有14条,包含后者的有6条(排除"在我后之人""失后之人求赏也"之类的说法)。董秀芳(2011,142)指出,如果"同一时期发现'AB'和'A之B'两种并存的说法,而且两种说法的意思基本相同,就可确定AB在该时期是定中式短语,还不是词或至少可以说'AB'有短语的用法",基于此,我们认为,此时的"后人"还不是词或者说还有短语用法。

3.2 定中式"X手/员"类词的产生

定中式表人"X手"的最早出现时间为六朝,用例较少,如:

(9)又募天下弩手,不问所从。(《宋书·索虏传》)

(10)风流调达,实旷代之高手,词彩葱蒨,音韵铿锵,使人味之,亹亹不倦。(《诗品》)

"手"的本义为上肢前端,单用时不能指人,定中式"X手"表人当为整体发生转喻的结果。从语料来看,六朝时最早产生的表人"X手"只有"弩手、高手、绝手、佳手"且用例极少,这说明此时"手"的能产性还相当低,性质仍为词根。

唐朝时,定中式表人"X员"出现,如:

(11)在京诸司官员,久不请俸,颇闻艰辛。(《全唐文》)

(12)其新差知院郑镒,亦是冗员,宜勒赴任。(《唐文拾遗》)

例(11)中的"官员"就是现代汉语中的"官员"之意;例(12)中"冗员"当指"闲散无事的官员",也作"冗官"。"员"本指"物数也"(《说文》),后意义扩大为"官员的定额",如在"愿君即以遂备员而行矣"(《史记·平原君虞卿列传》)中"备员"为动宾结构,指"充数,凑数"之意,此处为自谦之词。以"人数"这一意义为基础,借由转喻机制,"员"引申指人,上二例中"官员、冗员"中的"员"均为此义。③

在定中式表人"X人/手/员/夫/士"词中,"X人/夫/士"之所以形成时间较早是因为"人/夫/士"的词根义可以直接从单音节词"人、夫、士"继承而来,而定中式表人的"X手/员"的形成都要经历认知上的隐喻或转喻过程,自然需要一定的时间,故形成较晚。

四 "X人/手/员/夫/士"类词的发展和类词缀"人、手、员、夫、士"的形成

4.1 "X人"的发展和类词缀"人"的形成

两汉时期,"X人"有了新的发展,可以表职业名,例如:

(13)诗人之赋丽以则,辞人之赋丽以淫。(西汉《法言》)

(14)此商人所以兼并农人,农人所以流亡者也。(西汉《论贵粟疏》)

(15)夫百草之类,皆有补益,遭医人采掇,成为良药。(东汉《论衡》)

类似的例子还有"邮人""舟人""道人""文人"等,与先秦时期的"X人"强调人的生理属性不同,这一类"X人"中"人"的意义已经发生了类化,这是类词缀"人"形成的前提。

五代之后,定中式三音节"VP人"开始常用,如:

(16)此言并是实,天下亦知闻;是君不信语,乞问读书人。(五代《敦煌变文集新书》)

(17)二部僧众,真佛弟子,号出家人。(五代《敦煌变文集新书》)

(18)立契人王某押。牙人张某押。(元《老乞大谚解》)

(19)乘车人上下皆缘小梯。(明《天工开物》)

(20)老兄不过是个介绍人,不可专主,请回去切实问他一问……(清《老残游记》)

但以上所举各例,性质有别。清代之前出现的"VP人"几乎都是短语,例如例(16)—(19)都有相应的"读书之人""出家之人""立契之人""乘车之人"的形式,有些后来词汇化为词,如"读书人"在现代汉语中意为"知识分子"(《现代汉语词典(第7版)》),已不等于

“读书的人”,有些直到目前仍然保持了短语性质,如“乘车人”。例(20)中的“介绍人”不存在对应的“介绍之人”的形式,可以判定为词。由单音节发展为三音节并且出现了“VP人”的形式,标志着“人”组配范围的扩大,也是它向着类词缀发展的关键一步。不过,直到清末,三音节词法词“VP人”所构成的词数并不高(“读书人”之类词汇化而来的词汇词不在此列)。

随着社会分工的精细化和新职业的出现,现代汉语中,“人”才成为了一个能产性很高的类词缀,尤其是21世纪后,类词缀“人”进一步发展出了新的构词模式。这里要强调的是,我们要注意区分现代汉语中“X人”的不同性质:(1)“国家/地名+人”,如“中国人、美国人、山东人、上海人、山西大同人”等都是短语,其中的“人”是词;(2)类词缀“人”的原型义项是表职业和身份,常见的构词模式包括:①$[[X]_{VP}人]_N$,如“监护人、经纪人、代理人、执行人”等;②$[[X]_N人]_N$,X=常见行业名,如“音乐人、电影人、舞蹈人、话剧人、媒体人、体育人”等;③$[[X]_N人]_N$,X=机构(公司、学校等)名,如“阿里人、腾讯人、美团人;北大人、中传人”等。2020年后,年轻人中还产生了“打工人、工具人、社会人、干饭人、尾款人”等新词,可以说“X人”俨然已经成为社会发展变化的缩影。[④]

4.2 “X手”的发展和类词缀“手”的形成

自唐朝始,“手”的搭配范围有所扩大,部分“X手”的使用频率有所提高,如:

(21)若贼至二十步内,即射手、弩手俱舍弓弩,令驻队人收。(唐《通典》)

(22)求善图墓者五六人,并称海内名手,停于宅,共论藪,互相是非,恭仁莫知孰是。(唐《朝野佥载》)

(23)江南百姓不习河水,皆转雇河师水手,更为损费。(后晋《旧唐书》)

(24)有一人天资善弈,极高,遂入京见国手。(宋《朱子语类》)

我们在CCL古代汉语语料库中进行了检索,发现唐朝时期新出现的“X手”有“好手、战手、妙手、书手、名手、快手、弓手、射手”8个词,五代时有“水手”,宋朝时出现了“弓箭手、国手”,元朝时则新产生了“校刀手、帮手”。与六朝时的“X手”相比,元朝之前的“X手”仍然以“积极义单音节形容词+手”为主,表示具有某种品质的某类人,如例(22)中“名手”意为“有名的人”,但同时也出现了“V(P)+手”(如“射手、战手、校刀手”)类新组合,与“手”组合的名词性语素也从“弩”扩展到了其他常见的武器名(“弓、弓箭”),甚至还出现了“水手、国手”等特殊搭配。这些都为类词缀“手”的形成奠定了基础。

明朝时,表人的“X手”类词在数量上有了跨越式发展,我们在CCL检索到的明朝时新出现的“X手”共有61个词,以“武器名+手”类词为主,如“炮手、藤牌手、狼筅手、铳手、火箭手、佛狼机手、镋钯手、钩镰手、狼机手、火器手、钯箭手、挠钩手”,兼有其他“军队用具＋手”类词，如“旗手、门旗手、缭手、碇手”等。我们认为，这一时期的“手”已经基本可以判定为类词缀，理由有二：(1)“手”组合能力较之前有了质的提升，且构词时具有很明显的接收向周遍性[⑤]，凡“$X_{武器名/军队用具}$＋手”都可以释义为“军队中以操作X为职业的人”；(2)从意义上来讲，“手”的语义也产生了类化，稳固地用于表示职业名，这与之前“好手、名手、快手”等表某种积极品质的人有很大不同，而且虽然元朝之前就已出现了个别如“射手、战手、校刀手”等称呼，但因为数量和使用频率都有限，更像是临时用法。

新中国成立后，类词缀“手”在构词时有了新的面貌，一方面，随着国家军事形势的变化和部队职能的转变，大量“旧式武器名＋手”退出了历史的舞台，如“钩镰手、狼机手、火器手、钯箭手、挠钩手”等；另一方面，随着新职业的出现，新的表职业的“X手”也不断涌现，如“爆破手、操盘手、赛车手、火炬手、大提琴手、排球手、挖掘机手”。目前“手”已经成为汉语中能产性极高的类后缀之一。

4.3 “X员”的发展和类词缀“员”的形成

类词缀“员”的形成时间最晚。

清朝末期，清政府被迫打开对外交往的大门，不少新词新语随着外来事物和概念的到来随之产生，“员”在这一时期也有了新的组配对象，如：

(25)三院者：……曰元老院，掌邦议者也，上下各议员隶之。(《使东述略》)

据史有为(2019,1326)考证，“议员”为源自日语的外来词，写于1878年的《使东述略》是目前可见的最早的“议员”在汉语中的出处。因为“议员”是外来词，且当时同样情况产生的“X员”新词也仅限于“议员”，所以“员”当时并未类词缀化。不过“议员”的产生扩大了“员”的组配范围，为类词缀“员”的形成奠定了基础。

新中国成立后，伴随着新职业的出现和行业分工的进一步精细化，表职业的“X员”数量上迅速增长，如“监督员、保育员、质检员、乘务员、警卫员、快递员、列车员”，并且与“员”搭配的X在语法性质上也更加灵活，除了表工作内容(如“安全员、报务员”)和工作地点(如“列车员、轮船员”)的名词外，也可以是双音节甚至多音节动词和动词短语(如“工商管理员、电力抢修员”)。因此，我们可以说，“员”是新中国成立之后才发展为类词缀的。

有一点需要注意的是，现代汉语中表职业的“X员”在语义上带有明显的功能性，像“快递员、业务员、技术员、乘务员”等都负责承担的是集体或单位某一具体的任务，这一点与“X手”有明显不同。同样是表职业，现代汉语中的类词缀在可搭配词基的语义类别上呈现出明显的选择倾向。[⑥]

4.4 “X夫/士”的发展

与另外三个类词缀相比，“夫”和“士”的构词能力直到现代汉语都没有明显提升，古代汉语中有的表人"X 夫/士"已经退出了历史舞台，如"仆夫、膳夫、谋夫、俊士、贞士"等；另一方面，现代汉语仍在使用的表职业的"X 夫/士"数量极少，"X 夫"如"船夫、马夫、车夫、汽车夫、渔夫、樵夫"等，"X 士"如"辩护士、炼丹士、传教士、斗牛士、护士"等。更为重要的是，"夫"和"士"现在已经不再构成新词，以"士"为例，"传教士"一词出现在清朝，"护士"一词最早见于 1914 年的第一次中华护士会议，唯一可能产生于当代的"X 士"是"斗牛士"⑦。

因此，虽然有学者(陈光磊 1994；马庆株 1995；汤志祥 2001)将"夫"和"士"划入类词缀行列，但我们认为略显勉强，它们目前来看并不具备类词缀的能产性。

4.5 小结

综合以上对"X 人/手/员/夫/士"历时演变过程的梳理，我们可以得出以下结论：

1. 定中式"X 人/夫/士"类词的产生再次证明，现代汉语中相当一部分双音词在先秦时期就已经是词(马真 1981；程湘清 1992；郭锡良 1994)；

2. 定中式"X 人/手/员/夫/士"类词的产生时间有先后之分，但大多数在产生之时就是词，没有经过短语词汇化(历时词汇化)的过程，最起码目前还没有明显的证据表明它们经历了短语词汇化的阶段；

3. 个别双音词(如"后人")产生时存在对应的短语形式，经历了短语词汇化的过程；

4. "人、手、员"都已经由词根演变为能产类词缀，这既是词法化的过程，也是语法化的过程。其中，类词缀"人"的形成时间最早，类词缀"手"次之，类词缀"员"的形成时间最晚。

五　再论词法化和语法化、词汇化的关系

鉴于目前学界在使用词法化、词汇化概念时并不统一，我们在分析词法化和语法化、词汇化的关系之前，有必要明确本文使用的各个概念的内涵：(1)区分共时词汇化和历时词汇化，前者指概念打包成词的过程，后者指非词结构经过历时演变成词的过程；(2)区分狭义词法化和广义词法化，前者指词根或黏附形式变为词缀的过程，后者指词法结构的形成过程；(3)语法化指语法范畴和语法成分产生和形成的过程。

5.1 词法化和语法化

从本研究来看，"人、手、员"都经过了由词根变为类词缀的历时演变过程，这是狭义词法化的过程，同时也属于语法化的过程。类词缀作为汉语中构词能力很强的一类语素，之所以被称为"类"词缀，是因为它们的语义已经发生了虚化(表现为词汇意义的减弱和构词的类化)，但同时还与词根义有一定的联系。在 Hopper & Traugott(1993)提出的

语法化渐变链条“词项(lexical item) >附缀(clitic) > 词缀(affix)”中,总体方向是由实到虚、由虚到更虚,类词缀“人、手、员”的形成正是这一过程的反映。

“人、手、员”所经历的狭义词法化是语法化的组成部分,但本文所定义的广义词法化则有所不同。词法结构的形成过程中有可能涉及语法化,例如“X 者”由句法结构(附加在 VP 后,使动词短语名词化,如“凡争墓地者”)发展为词法结构(如“肇事者、纳税者”)的过程中,“者”由虚词变为类词缀,发生了语法化;但词法结构的形成过程中也有可能不涉及语法化,例如“V_1V_2”类复合词(如“爱护、帮助”)的形成就不涉及任何一个语素的语法化。

5.2 词法化和词汇化

要讨论词法化和词汇化的关系,首先需要考虑词汇化和复合词历史来源的关系。虽然从短语演变为双音词是汉语双音词最主要的历史来源(董秀芳 2011),但就本研究而言,绝大多数定中式“X 人/手/员/夫/士”类词并非由短语发展而来,而是直接由词根复合而成的。

马真(1981)认为,先秦用结构造词方式构成新词,包括临时组合的词组逐渐凝固成词和两个以上的词素拼合成词两种不同的方式,前者如“国家”,在《左传》中还多是词组,到了《孟子》和《荀子》就已经是词了。我们在前文已经指出,在定中式表人“X 人/手/员/夫/士”中,“X 人/夫/士”早在先秦时期就已经出现了,但从语料来看,除了“后人”等少数组合,大多数“X 人/夫/士”当时并非短语,主要原因有:(1)据郭锡良(1994)考察,西周时期复音词构词法就已经产生了,当时的铜器铭文中已经出现了“圣人、庶人、善夫”等偏正式复合词,这为我们的结论提供了很好的佐证;(2)先秦时产生的“X 人/夫/士”不仅结构凝固,而且在意义上也较为固定,以“小人”为例,既没有对应的“小之人”,而且从意义上也不能处理为“小”加“人”的组合,另外,“小人”常与“君子”对举,既然“君子”是词,那“小人”也当是词;(3)定中式“X 人/夫/士”具备产生之初就是词的可能性,与联合式相比,定中式被认为是名词性复合词的优势结构(陆志韦等 1964;周荐 1991;董秀芳 2016),先秦时期定中式复合词之所以能够大量出现是因为“偏正式复合词既利于说明事物的数量、性质和类属,描写事物的形状、颜色和大小”,符合“语义表达的精确化”(钱宗武 2004,78)的需要。

由此我们可以重申,虽然历时词汇化是汉语双音复合词的主要来源,但确有部分复合词是直接由概念打包成词的。

其次,还要考虑词法结构与句法结构的关系。汉语中的词法结构与句法结构具有很强的一致性,虽仍有争议(孙常叙 1956;刘叔新 1990),但还是能够得到学界大多数学者的认可,现有复合词结构体系也基本比附句法结构体系建立(高名凯 1986/1948;李荣

1952;陆志韦等 1964;朱德熙 1982;李行健 1982)。那么,词法结构的来源是句法结构吗?Givón(1971)所言"今天的词法是昨天的句法"对此持肯定态度,施春宏(2017)考察了汉语 VV 型句法结构和 VV 型复合词在论元结构整合机制上的异同,提出 VV 型复合词是由 VV 型句法结构发展而来的,但二者并不存在一一对应的关系,"昨日的句法不一定能发展出今日的词法,今日的词法也并不完全都直接来自昨日的句法",但施文仍有以下问题值得商榷:词法结构就是词的结构(word structure)吗?虽然文中指出了句法结构和词法结构并非一一对应的关系,但"句法结构词法化"的着眼点仍然是词法由句法发展而来,文中分析的"句法结构(词法化)→词法结构(词汇化)→词项"的过程也有讨论的空间。

我们认为,讨论词的结构,有必要区分词汇词和词法词(董秀芳 2016)。前者具有特异性,后者则具有规则性,虽然二者有时是能够重合的,但来源、影响和作用并不相同。以"X 人"为例,"牧人"和"纳税人"虽然都是"V 人",但前者是单个形成的、有特异性,是词库的成员,后者则有很强的规则性和能产性,是词法作用的对象。词法结构不应该等于词的结构,而应该是词法词的结构。讨论词法化问题,应该将词汇词排除在外。通过本小节前半段的分析,我们可以发现,词汇词可能由短语词汇化而来,也可能由词根直接复合而成。当然,二者也存在联系,以本研究为例,类词缀"人、手、员"派生出的都是词法词,它们的形成要建立在词汇词的基础上,随着词汇词"X 人/手/员"的逐渐增多,"人、手、员"的组合能力增强、组配范围扩大,意义也发生了类化,这就是去词汇化和词法化过程。

因此,以本研究中的"X 人"为例,根据它们在历史上产生的不同阶段,可归纳出词法化和词库、词法的关系如下所示:

词库(lexicon)→去词汇化(delexicalization)→词法化(morphologization)→词法结构(morphological structures)⑧

"小人、圣人"→"诗人、商人"→"监护人、经纪人,阿里人、腾讯人"

5.3 词法化和语法化、词汇化

通过本文的研究,我们认为,在语言演变的过程中,词法化、语法化和词汇化的关系并非单一的平行、镜像、包含、垂直相交等关系,而是灵活的、因所研究的语言现象不同而存在差异。例如宋作艳(2019)在分析"高富帅、白富美"等 $A_1A_2A_3$ 类词的词汇化和词法化过程时,认为这些组合产生后先经历了"定形、定义"的词汇化,又发生了词法化。但对于本研究来说,双音节定中式"X 人/夫/士"在产生时就已经是词了,并未经历由非词结构发展为词的过程,自然就不存在所谓历时词汇化和词法化的接续关系。

我们认为,对于"X 人/手/员"来说,其中涉及的词法化和词汇化、语法化的关系应为:

1. 如果将狭义词法化定义为词根或黏附形式变为词缀的过程，那么狭义词法化是语法化的组成部分，发生狭义词法化（语法化）的主体为“人、手、员”本身，而非“X 人/手/员”。

2. “X 人/手/员”演变的起点是词，而非短语，所以其广义词法化过程不表现为“语法结构→词法结构”，而是表现为“词库→词法结构”，其完整的演变链条为“词库→去词汇化→广义词法化→词法结构”，其中，词法结构不等同于词的结构，其具有规则性、能产性、可类推性，词法结构的产物是词法词。

3. 对于本研究来说，我们之所以要区分狭义词法化和广义词法化，是因为二者的主体和演变的结果不同，狭义词法化的主体是结构中的某一个成分，结果是词缀或类词缀；广义词法化涉及的是两个成分，结果是词法结构，演变路径包括“句法结构→词法结构”和“词库→词法结构”两种。

以上关系我们用下图表示[y 代表“人/手/员”，x 为同“人/手/员”搭配的成分，f(x，y)为二者组配的结构]：

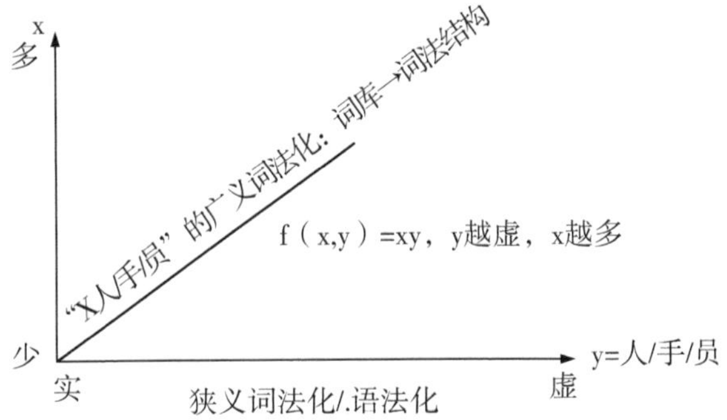

图 1 词法化与语法化、词汇化的关系(以“X 人/手/员”为例)

（说明：x 和 y 呈正相关，y 越虚，x 的取值越多，代表 y 可搭配的词基越丰富）

六 结语

我们之所以要再次讨论词法化与语法化、词汇化的问题，一方面是因为当前语法化、词汇化、词法化概念不统一，尤其是近几年国内词法化研究开始受到关注，但我们却发现国内学者讨论的“词法化”与国外学者所谓的“morphologization”内涵有很大差异；另一方面我们借汉语有别于其他语言的一类语素——表人类词缀来讨论这一问题，是为了再次证明，研究语法化和词汇化，以及词法化问题，与其争论它们是平行、镜像、接续、垂直相交等关系，不如从语言事实本身出发，关注差异，关注特色。

注 释

① 具体梳理可参考文旭、曾容(2018),刘红妮(2019)。

② 如无特别说明,本文所用语料均来源于北京大学CCL语料库。

③ “官员”在唐代之前也有用例,但其中的“员”是指“官员的定额”,要与唐后的用例区分开,如“官员既少,应选者多,前尚书李韶循常擢人,百姓大为嗟怨”(《魏书》卷六十六)。

④ 学界之前对“人”的类词缀性质存在一定的分歧,吕叔湘(1979)、宋作艳(2015)将“人”划入类词缀范围,曾立英(2008)则认为“人”不是类词缀,因为它可以用“什么”提问。我们主张“人”具有类词缀性质,因为:(1)能否用“什么”提问并非区分类词缀和实义词根的标准,不少类词缀都可以用“什么”提问,如“——他是什么家?——他是钢琴家”;(2)“年轻人、老年人”中的“人”与“电影人、纳税人、打工人”中的“人”并不一样,前者中“人”仍然具有很具体的词汇意义,强调“人”的生理属性,“年轻人”和“年轻的人”意义基本一致,其中的“人”的确不属于类词缀,但后者中“人”的生理属性已经弱化了,例如“电影人”更多的是表示对从事电影的这一类人群的职业划分,“电影人”也无法扩展为“电影的人”,“打工人”也不等于“打工的人”。从以上这两个角度考虑,我们认为,目前来看“人”已经具有类词缀的性质了,尤其是从近几年“人”构成的新词来看,“人”的类词缀性质更加凸显。

⑤ 王洪君、富丽(2005)将类词缀构词的规则性分为生成向周遍性和接收向周遍性两类。所谓“接收向周遍性”指“某一语义类的不少成分(不是所有同类成分)可以与另一类或另一个成分搭配,但只要能搭配,搭配后的整体义总是可以用成分义和类后缀义的相加来预测”,例如凡“$X_{武器名/军队用具}$+手”构成的复合词都可以释义为“军队中负责操作X的人”。

⑥ 具体分析可参见张未然(2016)。

⑦ 我们在CCL、BCC和国家语委的古代汉语语料库(含民国时期)中都没有检索到“斗牛士”的用例,所以我们推测“斗牛士”一词可能产生于新中国成立后。

⑧ 此处参考了Ramat(2001),有改动。

参考文献

蔡象丽(2020)“X+是”的词法化与词汇化,《华文教学与研究》第2期,78—85页。

陈光磊(1994)《汉语词法论》,学林出版社。

程湘清(1992)先秦双音词研究,《先秦汉语研究》(程湘清主编),45—113页,山东教育出版社。

董秀芳(2006)词汇化与语法化的联系与区别:以汉语史中的一些词汇化为例,《21世纪的中国语言学》(二)(商务印书馆编辑部编),6—35页,商务印书馆。

董秀芳(2011)《词汇化:汉语双音词的衍生和发展(修订本)》,商务印书馆。

董秀芳(2016)《汉语的词库与词法(第二版)》,北京大学出版社。

高苗红(2008)“单音节语素+于”结构的词法化研究,《现代语文(语言应用研究)》第7期,37—38页。

高名凯(1986/1948)《汉语语法论》,商务印书馆/开明书店。

郭锡良(1994)先秦汉语构词法的发展,《第一届国际先秦汉语语法研讨会论文集》(高思曼主编),51—71页,岳麓书社。
孔 蕾、秦洪武(2018)"说X"的形成:语法化、词汇化和语用化的互动,《汉语学报》第2期,21—29页。
李荣编译(1952)《北京口语语法》,开明书店。
李行健(1982)汉语构词法研究中的一个问题——关于"养病""救火""打抱不平"等词语的结构,《语文研究》第2期,61—68页。
刘丹青(2007)话题标记走向何处?——兼谈广义历时语法化的三个领域,《语法化与语法研究(三)》(沈家煊、吴福祥、李宗江主编),106—125页,商务印书馆。
刘红妮(2019)《汉语跨层结构的词汇化研究》,学林出版社。
刘叔新(1990)复合词结构的词汇属性——兼论语法学、词汇学同构词法的关系,《中国语文》第4期,241—247页。
陆志韦等(1964)《汉语的构词法(修订本)》,科学出版社。
吕叔湘(1979)《汉语语法分析问题》,商务印书馆。
马庆株(1995)现代汉语词缀的性质、范围和分类,《中国语言学报(第六期)》(《中国语言学报》编委会编),101—137页,商务印书馆。
马 真(1981)先秦复音词初探(续完),《北京大学学报(哲学社会科学版)》第1期,76—84页。
钱宗武(2004)《今文尚书语法研究》,商务印书馆。
施春宏(2017)汉语词法和句法的结构异同及相关词法化、词汇化问题,《世界汉语教学》第2期,147—170页。
史有为主编(2019)《新华外来词词典》,商务印书馆。
宋作艳(2015)《生成词库理论与汉语事件强迫现象研究》,北京大学出版社。
宋作艳(2019)从词汇构式化看$A_1A_2A_3$的词汇化与词法化,《世界汉语教学》第2期,201—213页。
孙常叙(1956)《汉语词汇》,吉林人民出版社。
汤志祥(2001)《当代汉语词语的共时状况及其嬗变——90年代中国大陆、香港、台湾汉语词语现状研究》,复旦大学出版社。
王灿龙(2005)词汇化二例——兼谈词汇化和语法化的关系,《当代语言学》第3期,225—236页。
王洪君、富 丽(2005)试论现代汉语的类词缀,《语言科学》第5期,3—17页。
文 旭、曾 容(2018)从范畴动态化角度看词汇化与语法化的关系——以汉语"但是"为例,《外语教学》第2期,7—13页。
吴福祥(2005)汉语语法化演变的几个类型学特征,《中国语文》第6期,483—494页。
曾立英(2008)《现代汉语类词缀的定量与定性研究》,《世界汉语教学》第4期,75—87页。
张煌绪(1987)"家"的词尾化进程,《中南民族学院学报(社会科学版)》第2期,111—112页。
张未然(2016)《基于认知形态学的汉语类词缀构词研究》,北京大学博士学位论文。
张谊生、许歆媛(2008)浅析"X客"词族——词汇化和语法化的关系新探,《语言文字应用》第4期,77—82页。

张 征、杨成虎(2010)词汇化与词法化,《西安外国语大学学报》第 1 期,50—52 页。

中国社会科学院语言研究所词典编辑室(2016)《现代汉语词典(第 7 版)》,商务印书馆。

周 荐(1991)复合词词素间的意义结构关系,《语言研究论丛(第六辑)》(南开大学中文系《语言研究论丛》编委会编),178—211 页,天津教育出版社。

朱德熙(1982)《语法讲义》,商务印书馆。

Anderson, S. R. (1992) *A-Morphous Morphology*. Cambridge: Cambridge University Press.

Blank A. (2001) Pathways of lexicalization. In Haspelmath, M., König, E., Oesterreicher, W. & Raible, W. (eds.). *Language Typology and Language Universals*, Volume 2, 1596—1608. Berlin & New York: Walter de Gruyter.

Brinton, L. J. & Traugott, E. C. (2005) *Lexicalization and Language Change*. Cambridge: Cambridge University Press.

Givón, T. (1971) Historical syntax & synchronic morphology: An archeologist's field trip. In *Papers from the 7th Regional Meeting of the Chicago Linguistic Society*, 394—415. The Chicago Linguistic Society.

Haspelmath, M. (2004) On directionality in language change with particular reference to grammaticalization. In Fischer, O., Norde, M. & Perridon, H. (eds). *Up and down the Cline: The Nature of Grammaticalization*, 17—44. Amsterdam & Philadelphia: John Benjamins.

Hopper, P. J. & Traugott, E. C. (1993) *Grammaticalization*. Cambridge: Cambridge University Press.

Joseph, B. D. (2003) Morphologization from syntax. In Joseph, B. D. & Janda, R. D. (eds.). *The Handbook of Historical Linguistics*, 472—492. Oxford: Blackwell Publishers.

Joseph, B. D. & Janda, R. D. (1988) The how and why of diachronic morphologization and demorphologization. In Hammond, M. & Noonan, M. (eds.). *Theoretical Morphology: Approaches in Modern Linguistics*, 193—210. San Diego: Academic Press.

Lehmann, C. (2002) New reflections on grammaticalization and lexicalization. In Wischer, I. & Diewald, G. (eds.). *New Reflections on Grammaticalization*, 1—18. Amsterdam & Philadelphia: John Benjamins.

Lehmann, C. (2015) *Thoughts on Grammaticalization*, 3rd edition. Berlin: Language Science Press.

Lightfoot, D. (2005) Can the lexicalization/grammaticalization distinction be reconciled?. *Studies in Language*, 29(3), 583—615.

Ramat, P. (1992) Thoughts on degrammaticalization. *Linguistics*, 30, 549—560.

Ramat, P. (2001) Degrammaticalization or transcategorization? In Schaner-Wolles, Ch., Renniso, J. & Neubarth, F. (eds.). *Naturally! Linguistic Studies in Honour of Wolfgang Ulrich Dressler Presented on the Occasion of his 60th Birthday*, 393—401. Vienna: Rosenberg & Seiler.

作者简介

张未然，中国传媒大学人文学院副教授，汉语国际教育专业硕士研究生导师，主要研究方向为形态学、词汇学、国际中文教育等。Email：zwr@cuc.edu.cn。

基于立场表达的“X什么Y”话语功能考察

邱 夏

北京大学对外汉语教育学院

提 要 “X什么Y”是一种口语反问格式，“XY”多为动宾复合词(短语)，非动宾式复合词依靠语用类推也能进入该格式。“X什么Y”常用于话轮之首以作为对话语的回应，但在其他位置时其引发条件却多为对方行为，可构成“引发语—否定”和“行为—否定”两种互动模式。具有负面事理立场表达功能，可表提醒、意外、不满、反驳、斥责五个层级，以不满和反驳为主。人际关系会影响其使用率及立场分布，使用时受到“礼貌原则”的制约。

关键词 “X什么Y” 反问格式 互动模式 立场表达 话语功能

一 引言

本文关注的是由“什么”插入复合词(或短语)中间所构成的反问格式“X什么Y”。例如：

(1)志新：爸您刚消停了一个星期，怎么茬儿？想趁机翻案？

傅老：<u>翻什么案</u>？有错误就检查，有缺点就改正，这是我们家的一贯传统嘛。(《我爱我家》)

“X什么Y”是汉语中常见的口语格式，学界目前已有了一定的研究。一是对该结构归属的探讨，有学者认为“X什么Y”是“X什么X”构式的变式(吴丹华 2011；艾哈迈德 2012；魏霞 2012)；相反，另有学者认为“X什么X”是“X什么Y”的次类(管志斌 2011)；也有学者将“X什么Y”看作独立的结构(王海峰 2003；崔少娟 2012)。二是对“X什么Y”形式特征的研究，学界普遍认为“XY”主要是动宾式复合词或短语(邵敬敏、赵秀凤 1989；王海峰 2003；管志斌 2011；崔少娟 2012)，少数形容词和名词也能进入该结构(邵敬敏、赵秀凤 1989)；还有研究探讨了该格式的层次构造以及“什么”的功能(王海峰 2003；朱姝 2006；吴丹华 2011；崔少娟 2012)。三是对其语义的研究，邵敬敏、赵秀凤(1989)指出“X什么Y”表达了一种强烈而急切的反诘语气；王海峰(2003)则认为该结构表示说话人轻视、蔑视、强烈的不满以及否定等消极态度；管志斌(2011)则指出“X 什么 Y”是语用否定构式，其核心义为“否定”，还具有“责备”和“提醒”义；崔少娟(2012)也提出了相似的观点，即其用于反问句时表示说话人对某种行为或现象的主观否定。

总的来说，前人对格式“X 什么 Y”予以了一定关注，但研究得仍不够透彻。有些论文将用于反问句、疑问句和陈述句的“X 什么 Y”打包处理，且大多是从构式的角度来探讨整体语义的，其话语功能、立场表达功能等方面尚未得到关注。因此，本文将采用影视口语语料[①]，基于立场表达视角，对“X 什么 Y”话语功能的具体表现和特点进行考察。

二 “XY”的形式特征

语料中共有 329 例用于反问句[②]的“X 什么 Y”，“XY”主要是动宾式复合词或短语[③]，共 309 例，约占 93.9%，这与前人研究结论基本一致。例如：

(2)海藻：跟你说了我不爱吃肉！我要减肥！(海藻把肉又丢回小贝的碗里)

小贝：你要胖点儿！减什么肥呀！女为悦己者容！你多胖我都爱你，反正我已经悦了，你就不必减了！(《蜗居》)

(3)志国：少、少跟我套近乎。

和平：我跟你套什么近乎啊我？说好了你不管这事儿。(《我爱我家》)

例(2)和例(3)中，“什么”分别插入动宾式复合词“减肥”以及动宾短语“套近乎”的中间形成格式“X 什么 Y”。

需要指出的是，动宾式复合词中，“XY”主要是双音节动词(65 例)，如“翻案、做主、犯罪、捐款、航海、吵架”等，以及少数双音节形容词(16 例)，如“像话、较真儿”等；而动宾短语中，“XY”主要为双音节短语(64 例)，如“抽烟、赚钱、养狗、做饭”等，以及三音节短语(149 例)，如“开玩笑、凑热闹、下馆子”等，三音节以上的较少进入该格式(15 例)。

实际上，“XY”也可以是非动宾式复合词，但数量不多，主要是偏正式复合词，共 17 例，占 5.2%。例如：

(4)圆圆：您今儿这大喜的日子怎么不换件新衣服呀？

志国：大什么喜呀，和平死活咬定，最早明年元旦登记，今儿晚上我还得客厅搭床我。(《我爱我家》)

例(4)的“大喜”是偏正式动词。语料中的偏正式复合词均为动词或形容词。

“XY”还可以是主谓式和联合式复合词，仅 3 例，数量极少，例如：

(5)和平：啊别的……当时时间比较紧迫，圆圆拿报纸一会儿就回来，我们呐，又不免有点儿做贼心虚……

志国：对！

和平：我心什么虚呀我？我当妈的管孩子我心什么虚啊我？啊？明儿个接着查！（《我爱我家》）

上例的“心虚”是主谓式形容词。

总之，“XY”主要为动宾式复合词或短语，这与前人结论一致（邵敬敏、赵秀凤 1989；王海峰 2003；管志斌 2011；崔少娟 2012），且主要是双音节动宾式动词或形容词，以及双音节、三音节动宾短语。除此之外，“XY”也可以是偏正式、主谓式和联合式复合词，但数量较少，也主要是动词或形容词。邵敬敏、赵秀凤（1989）认为个别名词中间也可以插入“什么”，但语料中并未看到“XY”是名词的用例。

为什么非动宾式复合词有时候也能用于“X 什么 Y”呢？这可能与语言使用中的类推机制有关。类推是对已经存在的句法规则的推广和应用（Harris & Campbell 1995）。诱发类推的因素很多，语用也是其中一种。说话人为满足特定的语用目的，会根据语言中已经存在的结构模式去创造新的形式（李丹弟 2015）。我们认为，非动宾式复合词得以进入“X 什么 Y”格式主要是语用类推的结果

汉语的“X 什么 Y”格式已经形成了较为稳定的话语功能：疑问代词“什么”离析动宾式复合词“XY”构成反问句，用来直接否定对方的话语内容，其中“XY”多为对前人话语的重复。因此，在一定的语用环境下，即说话人想要直接否定对方话语中的信息，但该信息却并非动宾式复合词（或短语）时，说话人有时也能借由语用类推机制而使用“X 什么 Y”。

不过，上述类推的产生有一定限制：语料中，非动宾式复合词用于“X 什么 Y”时，其“XY”都是对方话语中出现过的词语，且均为双音节复合词，如前文例（5）。但动宾式复合词（或短语）进入该格式时，并无此限制。例如：

（6）老胡：哟老傅，你也来入伙啊，欢迎欢迎，圆圆，快给新来的小朋友弄个小凳儿，快去，给新来的小朋友弄双筷子，快去，给新来的小朋友盛碗饺子……

老傅：……开什么玩笑，我都吃过饭了，我是叫圆圆回家去的。（《我爱我家》）

例（6）的“开玩笑”是一个三音节的动宾短语，且也不是对前人话语的重复，而是对话语内容的评价。

除了“什么”外，还有不少成分可以离析动宾式复合词，如“了”“着”“过”等，但它们都

未产生上述类推现象。这是因为"X 什么 Y"格式本身具备了特定的语用功能,即"否定",而语用类推是在说话人的语用需求下产生的。其他成分插入复合词时尚未形成特定的语用功能,不会在会话中发生由"减了肥"推出"大了喜"这样的类推。

三 "X什么Y"格式的使用环境

3.1 "X什么Y"格式在话轮中的位置

话轮是指会话过程的一个自然单位,取决于说话人角色的转变(Sacks et al. 1974)。"X 什么 Y"在话轮中的位置有四种:话轮之首、话轮之中、话轮末尾以及独立充当话轮。具体情况见表1。

表1 "X什么Y"格式在话轮中的位置分布(例/%)

位置	话轮之首	话轮之中	话轮末尾	独立话轮
数量	141/42.9	101/30.7	83/25.2	4/1.2

"X 什么 Y"格式最常处于话轮之首,共141例,占42.9%。例如:

(7)秀才:小生吕轻侯,未知诸位大驾光临有失远迎,还请宽恕则个。

湘玉:不要光练嘴皮子了,还是把店照顾好,上点心!

秀才:上什么心呐,这个店呐,明天就跟我没关系了!(《武林外传》)

(8)傅老:唉,老郑今天就搬走啦?

和平:今儿就搬,搬家公司都来啦!

傅老:噢那我得过去看看,老邻居了嘛!

和平:真是,您得跟人告别……

傅老:告什么别?我这是去送瘟神,顺便去捞他一把……(《我爱我家》)

其次是位于话轮之中,共101例,占30.7%。例如:

(9) 大可搀着罗佳坐在沙发上,又是帮她换鞋,又是给她倒水,罗佳始终低着头,一句话不说。

大芸:怎么了?抽什么风啊?怎么又把这小妖精弄回来了……

婆婆:不会说人话就闭嘴!!(《当婆婆遇上妈》)

位于话轮末尾的也有一定数量,共83例,占25.2%。例如:

(10)小张:走就走!我还早就不想在你们家干了!

圆圆:小张阿姨!——我妈都要死的人了,你跟她较什么真儿啊!(《我爱我家》)

但独立充当话轮的仅4例,极少。例如:

(11)湘玉:赛貂蝉,咱俩不要再废话了,你就开个价吧!

小翠:那就三千两吧!少一个子儿都不成!要是没钱啊,就把你这店给我吧!

湘玉(拍桌子):开什么玩笑!

小翠(拍桌子):你不干算了!(《武林外传》)

李宇凤(2010)认为反问不能作始发问,只能用于被引发的位置,其引发语境条件包括言语、行为、现状三类。在语料中,"X什么Y"格式确实都是对引发条件的回应,是一种典型的互动格式,但不同位置"X什么Y"格式的主要引发条件有较大差异。

"X什么Y"多用于话轮之首,其引发条件主要是对方的话语内容,大多数情况下会直接使用对方话语中的词语作为其"XY"[④]。如例(7)和例(8)中的"上心"和"告别"都是对对方话语的"重复"。"X什么Y"格式表达的回应是否定的,其后通常接有表达对立观点的后续句,如例(8)中"傅老"在"告什么别"后重新定义了自己的行为——"送瘟神"。

但位于话轮之中和末尾时,"X什么Y"的引发条件则主要是对方(或谈论对象)的动作行为,其"XY"主要是对该行为的概括或评价[⑤],表达说话人的否定态度。如例(9)的"抽什么风"是对对方("大可")行为的否定。两者不同之处在于,话轮末尾的"X什么Y"还带有总结自身观点的意味,前面的句子通常是说话人对自身观点或否定理由的具体阐述。如例(10)中,"圆圆"先阐述了让"小张"不要较真儿的理由——"我妈都要死的人了",随后才用"较什么真儿"突出总结了她对小张行为的不赞同。

3.2 "X什么Y"格式的互动模式

由前文分析可知,"X什么Y"引发条件主要是对方的言语或行为,因而可建构"行为—否定"和"引发语—否定"两类互动模式,其中"引发语"根据其具体内容还可细分为不同的类别(刘虹2004),具体见表2。

表2 "X什么Y"格式的互动模式分布(例/%)

模式	行为—否定	引发语—否定									
		陈述	询问	建议	要求	指责	提供	告别	介绍	道歉	赞扬
数量	134/40.7	62/18.9	57/17.3	28/8.5	27/8.2	14/4.3	3/0.9	1/0.3	1/0.3	1/0.3	1/0.3
合计	134/40.7	195/59.3									

"行为—否定"模式共有134例,约占40.7%,即说话人对对方行为进行否定评价。例如:

(12)小凡：你是谁男朋友啊？谁认识你呀，我告诉你孟朝阳，我根本就不认识你！

孟朝阳：伯父，大哥，大嫂，你们管不管你们家小凡了，她没事她净欺负我，我这儿刚发表点儿个人意见，她就不认我了……(吵架行为)

和平：小凡，怎么回事儿呀你，有话好好说你吵什么架呀？(《我爱我家》)

例(12)中，“小凡”与“孟朝阳”发生争执，听话人(“和平”)希望他们不要吵架，使用“X什么Y”来否定二者的行为。

“引发语—否定”模式共195例，占59.3%，涉及的引发语共有10种。其中，“陈述—否定”模式数量最多，即听话人否定对方所陈述的情况或对某事件的评论，共62例，占18.9%。例如：

(13)和平：自己人……爸，您怎么才来呀？圆圆她们呢？

傅老：太晚了，我没有叫她们，孩子明天还得上学呢。(事实)

和平：嗨，我不是说了吗，等箱子挖出来就直接把他们学校买下来，还上什么学呀？(《我爱我家》)

(14)圆圆：嗯，让一个孩子在一个阳光明媚的下午，干重体力活，作孽呀！(评论)

傅老：作什么孽？这是培养你的劳动观点，上次我跟你讲的刘少奇爷爷的故事，他像你这么大的时候，早就帮着家里的人下地干活了。(《我爱我家》)

例(13)的说话人(“和平”)否定了对方(“傅老”)所陈述的“孩子明天还得上学”的事实；而例(14)中，说话人(“傅老”)对对方(“圆圆”)发出的“让孩子干重体力活是作孽”的评论进行否定。

其次是“询问—否定”模式，说话人用“X什么Y”作为对对方问题的否定答语，共有57例，占17.3%。例如：

(15)无双：师兄，你怎么不在跑堂啊？(问题)

白展堂：我跑什么堂啊，那人正在大堂激情燃烧呢，我躲还躲不及呢。

无双：你就忍忍吧，过两天就好了。(《武林外传》)

“建议—否定”模式也占有一定比例，表达说话人对对方建议的不赞同，共28例，占8.5%。例如：

(16)警察：行了，我说老同志啊，你看，这医药费是有限的，这别的费用，你看你是不是说个数儿？

傅老：说什么数儿啊，我一分不要，我这一辈子都为了谁呀，还不是为了群众嘛，这眼看这群众的觉悟提高得这么快，啊我高兴还来不及呢，还要钱？坚决不要——志新你说呢？（《我爱我家》）

上例中，前一说话人（“警察”）建议给“别的费用”“说个数儿”，但被后一说话人（“傅老”）拒绝。

也可用于“要求—否定”模式，表达说话人对对方要求/请求的拒绝，共有27例，占8.2%。例如：

(17)傅老：走！（众人蜂拥跑下，和平在最前，到门口停住）

和平：别动！人多嘴杂，要注意保密！（要求）

志国：这、这自己家的东西咱保什么密呀……（《我爱我家》）

例(17)中，说话人（“志国”）使用“X什么Y”拒绝了对方（“和平”）“注意保密”的要求。

“X什么Y”的引发语还可以是“指责”，即对对方予以某事/人的负面评价表示否定，占4.3%，数量不多。例如：

(18)老胡：您才有病呢！（负面评价）

杨医生：我有什么病？我有什么病啊？有病也不怕，我自个儿是大夫，我……这个现在呀再给大家说说我这第三种设想、第三种设想，啊，咱们都不去大兴了，大兴不去，咱都改上密云，密云……（《我爱我家》）

其余的引发语，如“提供”“告别”“介绍”“道歉”和“赞扬”[⑥]，在语料中仅为个例，数量极少。例如：

(19)志新：哎大妈怎么着，谁欺负您了，说出来，我给您做主！（提供帮助）

志国：你做什么主啊，有事儿依靠组织，大妈，您说。（《我爱我家》）

(20)文良：回家太晚了得挨说。圆圆，要不，要不你也走吧！

圆圆：你走，你走！你倒是走啊！

文良：我真走了，再见。（告别）

圆圆：还再什么见！？走了以后永远别来见我！（《我爱我家》）

(21)燕红：这是谁呀？我怎么看着这么眼熟？

志新：那个，这是我们总……总经理，张凤姑小姐。（介绍）

燕红：噢，经理，（看）哈哈哈哈哈哈……你开什么玩笑，这不你们家原来那

保姆小张吗？(《我爱我家》)

(22)罗妈妈：那能怪我吗？我哪想到她迎风草的，一推就倒啊！(一拍脑袋)哦，不对，我该想到的，我早就该想到，对不起佳佳，我当时大意了。(道歉)

罗佳：对不起有什么用？好好儿的婚礼全让你搞砸了，你要真是为我好，当初这婚礼就不该搞！(《当婆婆遇上妈》)

(23)苏淳忍不住夸道："老婆真能干！一周三个晚上，拿的钱快赶上工资了。"(赞扬)

海萍答一句："我能干有什么用？我希望你能干，我才心里踏实。"(《蜗居》)

总之，"X 什么 Y"格式主要有"行为—否定"和"引发语—否定"两类互动模式。第二类模式占大多数，所涉引发语的种类也较多，最常见的引发语是"陈述"与"询问"，可见反问格式"X 什么 Y"在对话中主要用于立场否定与询问应答。

不论哪种模式，语料中 329 例"X 什么 Y"表达的都是说话人对对方动作行为或话语内容的否定性回应。实际上，"X 什么 Y"表示"否定"义是前人研究中普遍认可的结论(王海峰 2003；管志斌 2011；崔少娟 2012)，但对于该格式的否定义是从何而来的还存在争议。吕叔湘(1984)和邵敬敏、赵秀凤(1989)等认为"否定"义是由"什么"本身表示反问或否定带来的，而王海峰(2003)和吴丹华(2011)等则认为"X 什么 Y"这种离析结构是一种构式，该格式的消极意义是由整个构式带来的，我们比较赞同后一种说法。不过，"否定"只是一种较为笼统的说法，下文将从立场表达的角度深入探讨该格式的"否定"功能。

四 "X 什么 Y"的立场表达功能

4.1 "X 什么 Y"格式表达立场的类型

所谓事理立场，通常指的是说话人对事物的合理性所作出的一定判断(Englebretson 2007)。语言中反映说话者立场和态度有多种语言手段，其关键元素是主观性、评价和互动性(Englebretson 2007)。通过上一节的讨论，我们发现"X 什么 Y"是汉语会话中典型的互动格式，主要用于对前一说话人动作行为和话语内容的回应，体现了互动性。

并且，否定反问句在交际中常用于说话人想让听话人注意到某些被忽视的已知信息，或提示对方激活某些应知信息，这是一个带有责过性质的言语评断行为，在整体上表达了说话人对听话人的负面事理立场(刘娅琼、陶红印 2011)。而反问格式"X 什么 Y"也表达相似的"否定"态度，是听话人对对方话语、行为的评价，体现了主观性。因此，该格式是一种立场表达格式。

不过，反问句传递的信息虽基本都是已知的或可及的，但其已知或可及程度有所不同，所以否定反问句可以表达不同程度的负面评断立场（negative evaluative stance）（刘娅琼、陶红印 2011），主要分为“提醒、意外、反对（驳）和斥责”四种（刘娅琼、陶红印 2011；朱军 2014）。结合语料现状，本文把“X 什么 Y”所表达的立场根据负面程度分为五种，越靠右负面程度越高：提醒 ＜意外 ＜不满 ＜反驳 ＜斥责⑦。

据此，我们对语料进行了统计，详见表3。

表3 “X 什么 Y”负面立场类型分布(例/%)

分类	提醒	意外	不满	反驳	斥责
数量	32/9.7	43/13.1	66/20.1	129/39.2	59/17.9

“提醒”指的是对方（或谈论对象）表现出对应知信息的无知或遗忘，说话人意欲提醒或激活对方这方面的信息。此类用例数量非常少，仅32例，占9.7%。例如：

(24)和平：自己人……爸，您怎么才来呀？圆圆她们呢？

傅老：太晚了，我没有叫她们，孩子明天还得上学呢。

和平：嗨，我不是说了吗，等箱子挖出来就直接把他们学校买下来，还上什么学呀？（《我爱我家》）

例(24)中，说话人（“和平”）提醒对方（“傅老”）——他们挖出财宝后要把学校直接买下来，孩子们不用去上学了。

“意外”指对方（或谈论对象）的话语或行为超出了说话人的预期，说话人用该格式表示自己的意外或不理解。该类用例相对较少，共43例，占13.1%。例如：

(25)掌柜：这位先生，你是不是因为脑震荡把脑子摔坏了？

老白：我脑袋确实撞了一下，但我第二天就好啦。

小郭：开什么玩笑，脑震荡诶，大哥，怎么可能说好就好呢？（《武林外传》）

例(25)中，“老白”脑震荡第二天就好了的情况超出了说话人（“小郭”）的预期，所以用“开什么玩笑”来表达其意外和不理解。

“不满”指的是对方（或谈论对象）的话语或行为与说话人的预期不符，说话人用“X什么 Y”表达自己的不高兴和不满意。共有66例，占20.1%，数量较多。例如：

(26)小桂：胡爷爷，胡奶奶是不是上大连走亲戚去啦？

老胡：是啊，去就去吧，还非把小于也带去，说路上照顾她，摆什么谱儿啊，把我一人儿撂家里谁照顾我啊？（《我爱我家》）

如例(26)所示，谈论对象（“胡奶奶”）带走了“小于”的行为与说话人（“老胡”）的预期不符,因而说话人("老胡")使用"X 什么 Y"来表达自己的不满。

"反驳"即对方(或谈论对象)的观点或言论与说话人预期不符,说话人用"X 什么 Y"来辩驳,以达到说服别人改变立场的效果。此类用例数量最多,一共有 129 例,占 39.2%,超过三分之一。例如:

(27)警察:行了,我说老同志啊,你看,这医药费是有限的,这别的费用,你看你是不是说个数儿?

傅老:说什么数儿啊,我一分不要,我这一辈子都为了谁呀,还不是为了群众嘛,这眼看这群众的觉悟提高得这么快,啊我高兴还来不及呢,还要钱?坚决不要——志新你说呢?(《我爱我家》)

例(27)中,警察让"傅老"提出一个具体的赔偿费用,"傅老"却认为自己不应该收钱,并使用"说什么数儿"进行反驳,希望对方放弃"给予赔偿"的立场。

"斥责"指说话人认为对方(或谈论对象)的话语或行为不当、失礼或会带来不好的影响,带有较强的指责意味。共 59 例,占比 17.9%,也不少。例如:

(28)和平:(暗笑)哎哟您是得见见——我妈呀,正想把这位齐大姨说给您哪!

傅老:搞什么名堂啊?开玩笑嘛!我现在是不要考虑这些问题的!我先回避一下!(《我爱我家》)

例(28)中,"傅老"认为"和平"的妈妈介绍对象的行为是在"开玩笑",便用"搞什么名堂"来斥责对方。

以上五种立场并不是绝对割裂的,存在交叉的情况。其差异主要是负面程度的问题,并且每个立场在表达上各有侧重:"提醒"重在指出对方遗忘或忽视的应知信息,不带太多主观情感;"意外"重在表达"惊讶、不理解"的情绪;"不满"则突出的是"不高兴、不满意";"反驳"意在使对方放弃原有立场,后续通常会阐述理由;"斥责"则主要发生在对方行为不当时,有较强的指责意味。在真实语境中,肯定会存在同时带有两种立场的用例,本文统计时参考了上下文剧情,尽量以该语料中最突出的立场为归类标准。例如:

(29)志国:……也知道这么做违法是不是?

和平:违什么法呀?我揍我自个儿家喽,这是我自个儿亲闺女。

志国:对对对对,你们家这是传统,你这也是遗传,要不当年我给你写的情书你妈怎么背得溜着呢!(《我爱我家》)

上例中,说话人("和平")使用"违什么法"时,确实带有一点儿被对方("志国")说"违法"的不满,但此时更突出的是"和平"想要使"志国"认同其观点的意图。因为"和平"随后详细阐述了“不违法”的原因，且从“志国”的回应中也能看出，他确实被“和平”劝服了，所以本例归为“反驳”立场。

总体看，“X什么Y”最常用于“不满”和“反驳”立场。这与其他反问格式有所不同：朱军(2014)对“X什么X”格式的立场表达功能进行了考察，发现该格式主要用于“反驳”和“斥责”立场。而刘娅琼、陶红印(2011)对带“不/没”的反问句立场表达情况的统计则显示该句式最常用于“提醒”立场。可见，“X什么Y”格式常用立场的负面程度介于带“不/没”反问句和“X什么X”格式之间，详见图1。

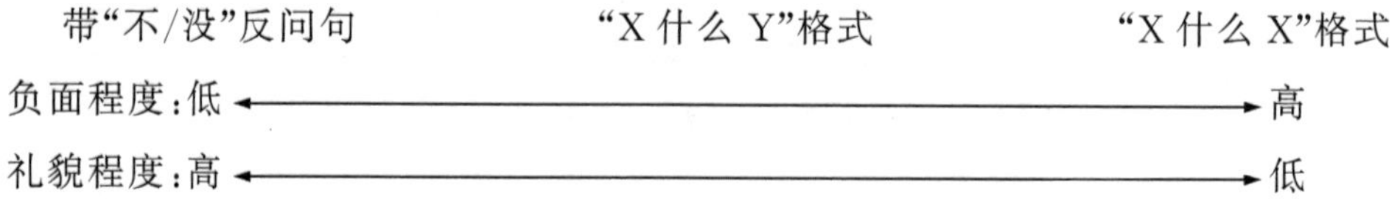

图1　三个格式常用立场的负面程度与其礼貌程度

在我们划分的五种立场中，即使是负面程度最低的“提醒”立场，也表达说话人与对方不一致的态度，这并不符合“赞同准则”的要求(Leech 1983)[8]。上述五种立场的负面程度越高，对“赞同准则”的违反程度就越高，该言语行为的礼貌程度也会越低。由此，以上三个格式礼貌程度由左到右依次降低。

4.2　“X什么Y”格式立场表达特点

于根元(1984)指出，否定的对象、反问句的言外之意或潜台词、反问时的表情态度、反问者的身份以及双方关系等语用条件都会对反问句否定的轻重有影响，但于文并未具体考察。由此，我们调查了“X什么Y”格式参与者之间的权势关系与亲疏关系，具体情况见表4。

表4　“X什么Y”格式参与者人际关系分布情况(例/%)

亲疏关系	权势关系			合计
	低—高	高—低	平等	
家人[9]	36/10.9	62/18.9	105/31.9	203/61.7
熟人	8/2.5	27/8.2	55/16.7	90/27.4
陌生人	6/1.8	7/2.1	23/7.0	36/10.9
合计	50/15.2	96/29.2	183/55.6	329/100

在权势关系上，说话人地位平等时，使用“X什么Y”的数量最多，共183例，占55.6%。例如：

(30)大芸：别磨蹭了！赶紧走吧！

大可：走？去哪儿？

大芸：装什么糊涂？八点，民政局，罗佳不是说准点在那儿等你吗?!(《当婆婆遇上妈》)

该例中的"大芸"和"大可"是姐弟关系，双方地位是平等的。

地位高对地位低的次之，共 96 例，占 29.2%。例如：

(31)大可一惊：啊？她不同意？完了，完了！这事儿越闹越大了！

婆婆：着什么急！老大不小的就不能稳重点儿?!(《当婆婆遇上妈》)

例(31)中，说话人("婆婆")是"大可"的母亲，在中国的家庭关系当中，长辈具有一定的权威，通常地位较高。

地位低对地位高时较少使用，仅 50 例，占 15.2%。例如：

(32)傅老：和平！明天你就上银行，给我取出二百块钱来，就照这样大的虾，咱们也买它几斤，我就不信，他吃得起，我就吃不起？

和平：爸，您跟人胡伯伯较什么劲，咱跟人比得了吗？(《我爱我家》)

例(32)中，说话人("和平")是"傅老"的儿媳妇，在中国家庭关系当中，儿媳妇的权势地位比公公低。

在亲疏关系上，说话双方的关系越亲密，越常使用"X 什么 Y"格式。双方关系是家人时使用次数最多，共 203 例，占 61.7%。例如：

(33)大可：你想好了？听说挺疼的——

罗佳：又不是让你疼，废什么话！今天必须做，再拖下去被你妈发现就做不了啦！(《当婆婆遇上妈》)

说话人("罗佳")与"大可"是夫妻关系。

其次是熟人之间，共 90 例，占 27.4%。例如：

(34)文良：我真走了，再见。

圆圆：还再什么见!？走了以后永远别来见我！(《我爱我家》)

上例的"圆圆"和"文良"是同学关系，比较熟悉。

陌生人之间用例最少，仅 36 例，占 10.9%。例如：

(35)雷老五：站住，今儿个你比也得比，不比也得比！

白展堂：嘿，这还赖上我了，为什么呀？

雷老五：为什么？我得为我们盗墓业者争口气啊！

白展堂：较什么劲啊！(《武林外传》)

例(35)中,盗圣"白展堂"与盗墓贼"雷老五"此前并不熟识,属于陌生人。

值得注意的是,如果说话人地位较低,其与对方关系较为亲密,回应时才会使用"X什么Y"格式[如例(32)];如果说话双方的亲密度较低,通常是在地位平等或高对低的情况下,才会使用该格式[如例(35)]。

此外,我们也考察了不同权势关系下负面事理立场类型的使用频率,详见表5。

表5 不同权势关系下"X什么Y"负面事理立场类型的分布(例/%)

立场类型	权势关系		
	低—高	高—低	平等
提醒	10/20	8/8.3	14/7.6
意外	5/10	11/11.5	27/14.8
不满	11/22	14/14.6	41/22.4
反驳	20/40	35/36.5	74/40.4
斥责	4/8	28/29.1	27/14.8
合计	50/100	96/100	183/100

不难看出,权势关系会影响"X什么Y"格式负面事理立场类型的选择倾向。低对高时,负面程度最低的"提醒"立场的使用率要高于其他两种情况。而"意外""不满"和"反驳"这三个负面程度中等的立场则更集中于双方地位平等时。负面程度最高的"斥责"立场,在说话人地位高对低时更常使用。

五　小结与余论

"X什么Y"是汉语口语中常见的反问格式,多用于话轮之首,可构建多种互动模式,还具有负面事理立场表达功能,可表提醒、意外、不满、反驳、斥责五个层级,以"不满"和"反驳"为主。说话双方的人际关系会影响"X什么Y"使用率以及立场类型的选择。

实际上,上述语用特点反映了"礼貌原则"对言语行为的制约。"X什么Y"作为一种常用来表达"不满""反对"等负面事理立场的口语格式,在交际中极易违反"赞同准则",实际上属于一种不礼貌的言语行为,这是其立场表达的特殊之处。正因如此,使用该格式很可能使后续交际无法顺利进行,为减小其对交际的"损害",说话人必须要考虑对方对负面立场的接受度和容忍度。

通常情况下,权势关系与亲疏关系都对负面立场的接受度和容忍度有较大影响。在同等条件下,说话双方社交关系越疏远,权势关系越悬殊,地位较低的一方则越会照顾对方的面子,选择更礼貌的言语策略(Brown & Levinson 1987)。所以"X什么Y"作为一种

“不太礼貌”的口语格式，通常要在双方关系比较亲密，或说话人权势地位不太低时使用[①]，这样才能确保交际顺利进行。在交际中，如果双方权势与亲疏关系中有一个方面与“X什么Y”的要求不适配，那便需要另一方面的适配度较高才能满足“礼貌原则”。

此外，提醒、意外、不满、反驳和斥责这五个立场的负面程度是递增的，负面程度越高，对“面子”的损害程度越高，也越不符合“礼貌原则”的要求。不同权势关系在不礼貌行为的使用上存在差异，权势地位越高的人，通常越能拥有不礼貌的自由（Culpeper 1996）。因此，地位较低的人使用“X什么Y”格式时，负面程度低的“提醒”使用相对较多，而负面程度极高的“斥责”立场的选择将会非常受限；相反，拥有一定权威的人，说话时往往不用太顾及对方的“面子”，可以自由表达“反驳”“斥责”等负面程度较高的立场；当双方地位平等时，其立场的选择限制介于前两者之间。并且，上述立场的选择同时也会受到亲疏关系的调节，当对方是关系亲密的家人时，即使是地位较低的晚辈，在一定语境下也可以使用负面程度较高的立场来回应长辈的话语。

不过，本文只考察了影视口语语料，但影视作品往往需要追求一定的娱乐效果，其人物对话可能与自然口语中的真实互动模式存在差别。未来应继续关注自然口语中不同交际场合下“X什么Y”格式的使用情况。

注　释

① “影视口语语料”为《我爱我家》《武林外传》《蜗居》和《当婆婆遇上妈》四部电视剧的脚本转写，约225万字。下文中会出现重复的例子，为方便阅读，我们对其重新进行编码。

② 用于反问句的“X什么Y”主要作为应答语来表达说话人的立场；“X什么Y”也可用于特殊疑问句，但此时该结构主要作为引发语，这与其用于反问句时有较大差异，本文不考察此类用例。

③ 依照《现代汉语词典（第7版）》判断“XY”是否凝固成词，并确定其词性。

④ 位于话轮之首的共141例，引发条件是言语内容的106例，占比75.2%；其中“XY”重复使用对方话语的有72例。

⑤ 位于话轮之中或末尾处的共184例，引发条件是动作行为的共94例，占比51.1%。独立作为话轮的仅4例，其引发条件均为动作行为。

⑥ “提供—否定”指说话人对对方提出的帮助表示拒绝，与“建议”的区别是，“提供”强调己方所能做的贡献与帮助，而“建议”主要是提醒他人应做什么。“告别—否定”指说话人对对方所说告别语的否定。“介绍—否定”指说话人对对方某人/物的描述表示不赞同，主要用于对新人物/事物的引入，与“陈述”的区别是，“陈述”更倾向于对某种情况的客观描述或主观评价，不强调新旧。“道歉—否定”指说话人不接受对方的道歉。“赞扬—否定”指说话人对对方予以某人/物/事件的积极评价的不赞同。

⑦ 一般看来，“提醒”和“意外”与立场的定义不太相符，但在反问句中，上述两种情绪表达的确是一种判断立场。反问句表“提醒”时，并不是提示某些新信息，而是提醒听话人关注某些旧信息与可及信息，

或者是应知信息。这说明说话人认为对方忽视或遗忘这些信息是不合理的，隐含“否定”态度，故此处“提醒”是一种事理立场。而反问句所表达的“意外”，指的是对方所述之事或所持立场不符合说话人预期，说话人主观上觉得对方的话语不合理，隐含“否定”态度，故“意外”也是一种事理立场。

⑧Leech(1983)提出的“礼貌原则”下又细分了六条准则：得体准则、宽宏准则、赞许准则、谦虚准则、赞同准则和同情准则。其中，赞同准则指的是在会话中尽量减少双方的分歧，增加双方的一致。

⑨ 本文将亲疏关系分为三类，亲密程度由高到低递减：一是家人，即说话双方关系亲密，通常具有血亲或姻亲关系；二是熟人，即彼此比较熟悉，且具有一定社会关系的人，如邻里、朋友、同学等；三是陌生人，即此前不具有社会关系，彼此不认识、不了解的人，如警察、医生等。

⑩ 比较特殊的是，地位低对高时“反驳”立场的使用频次也较高。我们核对了语料，发现这些用例大多发生在关系亲密的家人之间，可见亲疏关系同样也会影响负面事理立场类型的选择。

⑪“X 什么 Y”最常用立场不是负面程度最高的，所以说话人地位只要不低于对方，便能较为自由地使用该格式。这与“X 什么 X”格式的表现不同，该格式具有显示权威的语用功能，常用立场的负面程度更高，说话人地位常高于听话人(朱军 2014)。

参考文献

艾哈迈德(2012)《“X 什么 X”及其相关构式研究》，上海师范大学硕士学位论文。

崔少娟(2012) 离合词的离析结构“X 什么 Y”探析，《四川教育学院学报》第 9 期，94－96 页。

管志斌(2011) “X 什么 Y”构式分析，《玉溪师范学院学报》第 6 期，15－19 页。

李丹弟(2015) 语用化视域下英汉构词缀化对比研究，《中国外语》第 4 期，38－44 页。

李宇凤(2010) 从语用回应视角看反问否定，《语言科学》第 5 期，464－474 页。

刘　虹(2004)《会话结构分析》，北京大学出版社。

刘娅琼、陶红印(2011) 汉语谈话中否定反问句的事理立场功能及类型，《中国语文》第 2 期，110－120 页。

吕叔湘(1984)《语文杂记》，上海教育出版社。

邵敬敏、赵秀凤(1989) “什么”非疑问用法研究，《语言教学与研究》第 1 期，26－40 页。

王海峰(2003) “A 什么 B”结构式初探，《四川大学学报(哲学社会科学版)》第 3 期，89－92 页。

魏　霞(2012) 现代汉语“X 什么 X”格式的语义分析，《大观周刊》第 10 期，280 页。

吴丹华(2011) “X 什么 X”的结构性质新探，《中南大学学报(社会科学版)》第 2 期，180－184 页。

于根元(1984) 反问句的性质和作用，《中国语文》第 6 期，419－425 页。

中国社会科学院语言研究所词典编辑室(2016)《现代汉语词典(第 7 版)》，商务印书馆。

朱　军(2014) 反问格式“X 什么 X”的立场表达功能考察，《汉语学习》第 3 期，20－27 页。

朱　姝(2006) 浅析现代汉语口语中的“X 什么 X”句式，《福建教育学院学报》第 10 期，75－77 页。

Brown, P. & Levinson, S. C. (1987) *Politeness: Some Universals in Language Usage*. Cambridge: Cambridge University Press.

Culpeper, J. (1996) Towards an anatomy of impoliteness. *Journal of Pragmatics*, 25(3), 349－367.

Englebretson, R. (2007) *Stancetaking in Discourse: Subjectivity, Evaluation, Interaction*. Amsterdam & Philadelphia: John Benjamins.

Harris, A. C. & Campbell, L. (1995) *Historical Syntax in Cross-linguistic Perspective*. Cambridge: Cambridge University Press.

Leech, G. N. (1983) *Principles of Pragmatics*. London and New York: Longman.

Sacks, H., Schegloff, E. A. & Jefferson, G. (1974) A simplest systematics for the organization of turn-taking for conversation. *Language*, 50(4), 696—735.

作者简介

邱夏，北京大学对外汉语教育学院博士生，主要研究方向为现代汉语语法及对外汉语教学。Email：qiux720@pku.edu.cn。

ABSTRACTS

ZHAO, Jinming: Features and Construction of the Resources System of International Chinese Language Education

International Chinese Language Education is to teach Chinese as a second language/foreign language to foreigners whose native language is not Chinese. It is a language teaching subject belonging to applied linguistics. Chinese is different from Indo-European languages, so the construction of international Chinese language educational resources system should lay emphasis on Chinese characteristics. The international Chinese language educational resources system includes not only Chinese knowledge system, but also Chinese enabling system, namely Chinese ability development system. The enabling system includes two aspects: one is the teacher's methodology system of training ability, the other is the development system of the learner's acquisition and cognitive ability. There needs to be a test and evaluation system for the implementation of knowledge system and enabling system, that is, the effect of teaching and learning.

Key words: international Chinese language education, resource system, construction

ZHANG, Baolin: On the Issue of Resource Sharing of the Chinese Interlanguage Corpora

In the course of the construction and application of Chinese interlanguage corpora in the past 30 years, there has always been a problem of resource sharing, that is, most of the corpora built by the state investment have not been opened to the outside world, but are only used by their own units, or even only by the builders themselves and their own students. This practice directly leads to not only failure of the precious national scientific research funds in obtaining expected social and academic benefits, but also the obstruction of academic progress, and repetitive low-quality corpus construction, a serious waste of academic, human, material and financial resources. To improve this negative situation and ensure the most sufficient resource sharing, we need the Government Research Administration to stage an intervention, in the form of policies,

regulations and administrative orders, to require the corpora to be opened.
Key words: Chinese interlanguage corpus, resource sharing, government research administration

WANG, Weihui & SHAO, Zhujun: The Revelation of *Laoqida* and *Piaotongshi* on the Textbook Compilation of Learning Chinese

Laoqida and *Piaotongshi* are extremely important spoken Chinese textbooks on the Korean Peninsula, and they are still full of charm to read today. Based on their earliest texts that currently exist, we analyzed the editors' method of work and speculated on the ideas behind them. In our view, there are three most important points in the writing of bilingual learning materials. The first is language. *Laoqida* and *Piaotongshi* use "authentic colloquial language that can be used after learning". The second is form. Both books use the form of conversation, which is the great creation of the editor. The third is content. The two books are rich in content, involving all aspects of social life. Such a codification concept and method have made these two immortal textbooks, and their compilation experience is worth learning from even today.
Key words: *Laoqida*, *Piaotongshi*, textbook compilation, dialogue

Translated by LI, Zhen: *Notitia Linguae Sinicae* (Excerpt)

The French Jesuit Joseph de Prémare, who came to China during the Kangxi period of the Qing Dynasty, was a famous European missionary sinologist in the 18th century and one of the pioneers of modern Western Chinese studies. His masterpiece, *Notitia Linguae Sinicae*, was the first grammar book in the world to explore both vernacular and literary Chinese. It is also of great importance in the history of Western Sinology and the history of Chinese language education in the world. *Notitia Linguae Sinicae* was completed in 1728 and published in Latin in 1831 and in an English translation in 1847. This translation is an excerpt from the introductory section of the 1847 English translation of *Notitia Linguae Sinicae*.
Key words: French Jesuit, Joseph de Prémare, *Notitia Linguae Sinicae*

BIAN, Haoyu: The Development of Protestant Chinese Training Schools in the Early 20th Century: Based on the Survey Conducted by the China Continuation Committee

In 1914, William Bacon Pettus, Frederick William Baller and Frank Joseph Rawlinson were assigned by the China Continuation Committee to conduct a survey on the situation of Protestant Chinese training schools in China. Not only did this survey reflect the real situation of those Chinese training schools in China, but also summarized and analyzed the problems as well as achievements in management, teacher resources and teaching, etc. This survey exerted great influence in encouraging missionaries in China to study Chinese and promoting the development of Chinese training schools.

Key words: the China Continuation Committee, Chinese training schools, the influence of the survey

GU, Licheng: Traversing across Centuries: The History and Current Situation of Chinese Language Teaching in the U. S.

Chinese language teaching has been going on for more than 140 years in the United States. According to the different purposes and teaching methods, this part of history can be divided into five phases. Phase I started in 1877 as "Beginning Chinese". Phase II started in 1941 as "Wartime Chinese". Phase III started in 1958 as "Strategic Chinese". Phase IV started in 1980s as "Academic Chinese". Phase V started in 21st century as "Popular Chinese". Hopefully some useful lessons can be learned from the development of Chinese language teaching in the United States.

Key words: Chinese language teaching in the U. S., history of Chinese language teaching, current situation of Chinese language teaching

LIANG, Xia: Trailblazer and Torch Carrier: On the Historic Contributions by the Founder of the Princeton University's Chinese Project Professor Frederick W. Mote

By examining Professor Frederick W. Mote's role in the founding of the Princeton University's Chinese Language Program, Critical Language Program, and Middlebury Summer Chinese School, this article elaborates on his pioneering contributions to the growth of the field of Chinese language teaching in the U. S., especially in regard to teaching practice, theoretic establishment, and program management. The author argues that the development of Chinese language teaching in the U. S. is the result of

the long-term joint efforts by many people, including both Chinese language teachers and scholars in other fields of Chinese studies. The establishment and consolidation of an academic discipline's history signals the discipline's maturation. One can learn about the future by looking into the past. Therefore, through our gradual uncovering and analysis of the past scholars' historic contributions, we can gain precious knowledge that will ensure future successes in the cause of international Chinese teaching.
Key words: Frederick W. Mote, Chinese Language Program, teaching Chinese as the second language, Chinese language teachers, historical contribution

ZHU, Xinhua & ZHAO, Pengfei: How to Better the Assessment of Students' Speaking Performance

In the global setting, there has been an increasing body of research on spoken interaction in Chinese as a second language, but with less attention from Chinese local scholars so far. In such high-speed society, effective oral communication can assist people to gain access to rich information, cooperate with peers and solve difficulties encountered in daily life. In addition, this capacity is also considered as one of the core components under the oral communication framework. Therefore, the assessment of students' performance during spoken interaction appears to be vitally important. For this concern, this article made the discussion about how to evaluate learners' speaking performance, providing some insightful perspectives for Chinese language education and teaching Chinese as a second language education.
Key words: spoken interaction, performance of spoken interaction, interaction strategies, speaking assessment

ZHANG, Wenxian & CAO, Jiahong: A Study on Self-repair in Oral Narrative of Chinese L2 Learners

This paper examines self-repair in oral monologue narratives of intermediate Chinese L2 learners. It indicates that Chinese L2 learners use repetition as the most common self-repair technique, they use much less reformatting in their narratives than native speakers, and they also tend to give up their utterances when they make collocation errors that they cannot repair. From the aspect of discourse analysis, the proportion of self-repair in foregrounding position is up to 92% for Chinese L2 learners, which greatly exceeds that of native speakers. What's more, Chinese L2 learners tend not to use descriptive language and comments in their narratives while native speakers often make comments by inserting short clauses. They also often fail to make self-repairs in their narratives, and pause much more often than native speakers. The negative features of self-repairs in L2 learners' narratives are considered as symbols of disfluency and lack of language competence. This research aims to contribute to the understanding and improvement of teaching methods of Chinese grammar and discourse, calling teachers' attention to features such as quantitative phrases, function words, disposal sentences and foregrounding and backgrounding in discourse teaching.

Key words: self-repair, narratives, discourse, Chinese learners

ZHANG, Weiran: On the Morphologization, Lexicalization and Grammaticalization: From the Diachronic Evolution of Chinese Nominal Suffixoids

In recent years, morphologization has become a research hotspot. This paper aims to clarify the relationship among morphologization, lexicalization and grammaticalization. Firstly, by summing up different definitions of morphologization, and different opinions about the relationship among morphologization, lexicalization and grammaticalization, we found that the present research shares clear differences on the many aspects. Then we analyzed in detail the evaluation paths of Chinese nominal suffixoids about how they take shape, evolve and become suffixoids. Based on this, we finally returned to the relations of morphologization, grammaticalization, and lexicalization, emphasizing that, to discuss the issue of morphologization, it is important to distinguish between lexical words and morphological words, between narrow lexicalization and broad lexicalization. In our research, the main body of narrow lexicalization is "*ren*(人), *shou*(手), yuan (员)", not "X *ren/shou/yuan*", which is a component of grammaticalization. For "X *ren/shou/yuan*", their generalized morphologization refers to the formation process of their morphological structures, and is not "syntactic structure → morphological structure", but "lexicon → morphological structure", which manifests as "lexicon → delexicalization → morphologization → morphological structure".

Key words: morphologization, grammaticalization, lexicalization, Chinese nominal suffixoids

QIU, Xia: An Analysis of the Discourse Functions of "X *shenme* Y" Based on the Stance Taking

"X *shenme* Y" is a rhetorical question format in spoken Chinese. The "XY" is mostly compound words(phrases) of verb-object structure, but compound words of non-verb-object structure can also enter this format by pragmatic analogy. "X *shenme* Y" is often used in the beginning of turn-taking as a response to the discourse, but in other positions, the triggering condition is mostly the other party's behavior. It can form two interactive modes of "Trigger Discourse-Negation" and "Action-Negation". It has stance-taking expressive function, manifested in five specific levels: reminder, accident, discontent, refutation and rebuke, with discontent and refutation as the main types. Interpersonal relationship will affect its usage rate and stance distribution, which is restricted by the "Politeness Principle".

Key words: "X *shenme* Y", rhetorical question format, interactive mode, expressive function of stance-taking, discourse function

《汉语教学学刊》稿件体例

1. 稿件请用微软简体中文版 WORD 编辑。题目用小二号宋体，作者署名用四号仿宋体，正文用五号宋体，提要、关键词、注释和参考文献用小五号宋体，其中“提要”“关键词”本身用小五号黑体，“注释”“参考文献”本身用五号黑体。题目、作者名、提要、关键词的英译以及作者电子邮箱地址都用 Times New Roman 字体，题目、作者名的英译用 12 号，其余用 10.5 号。关键词之间用逗号隔开。正文行距为 1.15 倍。页边距为常规格式(上、下 2.54cm，左、右 3.18cm)。
2. 如有通信作者，用首页脚注形式，作者名后加上标 *；包括通信作者的电子邮箱、邮政编码、联系地址；用小五号宋体，英文和汉语拼音均用 Times New Roman 字体，如：通信作者：王×× wangsxx@sina.com 100871 北京市海淀区颐和园路 5 号 北京大学对外汉语教育学院。
3. 如有课题/项目，用首页脚注形式，文章标题后加上标 *，注明课题的类别、名称及编号。如：* 本研究为国家哲学社会科学基金一般项目“中国大学生跨文化能力综合评价研究”(10BYY091)的阶段性成果；名称用小五号宋体；括号及编号均用 Times New Roman 下的格式。
4. 正文第一级标题用小四号黑体，上下各空一行，标题序号用“一、二、三……”。第二级以下小标题用五号宋体加黑，节次可按如下格式编号：1.1、1.1.1、1.1.2；1.2、1.2.1、1.2.2，余类推。本刊只接受三级以内的小标题。
5. 例句独立列出者，用楷体，行首空两格，回行与首行序号之后的文字对齐；序号加圆括号，如：(1)(2)……；全文例句连续编号。
6. 文中若有图表，请在图表上方或下方用小五号黑体字注明序号及名称，如：图 1 ……；表 1 ……。若有复杂图表，不便在正文中排印者，请附在文末，并注明序号及名称，如：附图 1 ……；附表 1 ……。全文图表连续编号。为保持图表的准确性，请另附 PDF 版。
7. 文中采用国际音标，请加方括号，声调用五度标调法，标于音标右上角，如：好[xau^{214}]。采用汉语拼音，声调则用调号，如：nǐ hǎo。
8. 行文中引用原文者，请加“”；引文独立成段者，请用楷体，第一行空四格，第二行以下空两格。
9. 注释采用尾注。注释号码用带圈阿拉伯数字右上标，如：完形①。请勿用自动标注。

10. 注明引文或观点出处,可采以下方式:

若所引之文或观点发表在期刊上,则为:陆俭明(1980)……;若所引之文或观点出自著作之中,则为:陆俭明(1993,84—85)……,逗号后的数字为页码,下同;若在所引之文后面用括号注明出自期刊或著作中的观点,则为:……(陆俭明 1980),或 ……(陆俭明 1993,84);若所转述的观点为不同的人持有,则为:……(Corder 1981;Krashen 1981);或 ……(James 1980;Ellis 1986,18—41)。三个作者及以上的,中文文献用第一作者加"等",如:朱德熙等(1961);外文文献用第一作者加 et al.,如:Tomasello et al.(1984)。

11. 重要术语:首次在国内语言学期刊上出现的术语须在括号内附上外文原文,但同一术语的外文原文不要重复出现。

12. 参考文献请按以下方式处理:

中文、日文文献排在西文文献之前;外文译著按中文文献处理;相同语种的文献按作者姓名的汉语拼音顺序或英文字母顺序排列;西文作者姓在前,名在后,姓名之间用逗号隔开。文献的作者或编者须全部列出,具体情况:(1)独立作者或编者的文献则使用完整姓名;(2) 两个以上作者或编者之间中文文献统一使用顿号,如(史地夫、金磊、王晖),外文文献统一使用 &(不用 and),如 Cole, P. & Morgan, J.;(3)外文参考文献有多个作者时,均姓氏排前,后跟名字的首字母,如 Hauser, M. , Chomsky , N. & Fitch, W.。具体格式如下:

中文著作:陆俭明(1993)《现代汉语句法论》,商务印书馆。

中文期刊:李晓琪(1995) 中介语和汉语虚词教学,《世界汉语教学》第 4 期,63—69 页。

中文文集:彭聃龄(2003) 汉字识别与连接主义模型,《对外汉语研究的跨学科探索》(赵金铭主编),191—206 页,北京语言大学出版社。

会议论文:柯彼德(2012) 关于中国语言与文化在全球化世界中的地位和作用的若干思考,北京论坛(2012)文明的和谐与共同繁荣:"文明的构建:语言的沟通与典籍的传播"语言分论坛论文及摘要集,64—74 页,2012.11.02,北京大学。

英文著作:Kramsch, C. (1993) *Context and Culture in Language Teaching*. Oxford: Oxford University Press.

英文期刊:Martin, M. (1984) Advanced vocabulary teaching: The problem of synonyms. *Modern Language Journal*, 68, 130—137.

英文文集:Searle, J. (1975) Indirect speech acts. In Cole, P. & Morgan, J. (eds.). *Speech Acts*, 59—82. New York: Academic Press.

学位论文:金沛沛(2017)《汉语学习词典语用信息的选取与呈现研究》,北京大学博士学位论文。

研究报告:Cumming, A., Kantor, R., Baba, K., Eouanzoui, K., Erdosy, U. & James, M.(2006) Analysis of discourse features and verification of scoring levels for independent and integrated prototype written tasks for the new TOEFL test. TOEFL: Monograph Report No. 30.

网络文章:Sanders, N.(2003) Opacity and sound change in the Polish lexicon. http://sanders.phonologist.org/diss.html.(访问日期:××年××月××日)